职业教育汽车类专业新形态教材

U0725009

XIN NENGYUAN QICHE DONGLI DIANCHI JI
CHONGDIAN XITONG JIANXIU

新能源汽车动力电池及充电系统检修

主　编	虞洪剑	陈　波			
副主编	陈雪梅	黄德发	柳贞洪		
参　编	陈国庆	方　俊	祁德梅	傅　寒	吴林娟	贺　军
	王代闽	冯德鸿	舒其雄	李　宋	黄雪松	张万元
	唐春燕	刘　芳	熊　淑	李　晗	王治渝	朱佑君

重庆大学出版社

图书在版编目(CIP)数据

新能源汽车动力电池及充电系统检修/虞洪剑,陈波主编. -- 重庆：重庆大学出版社,2024. 12.
(职业教育汽车类专业新形态教材). -- ISBN 978-7-5689-4961-3

Ⅰ. U469.720.3

中国国家版本馆 CIP 数据核字第 2024EV5848 号

职业教育汽车类专业新形态教材

新能源汽车动力电池及充电系统检修

主　编　虞洪剑　陈　波
副主编　陈雪梅　黄德发　柳贞洪
策划编辑:章　可

责任编辑:姜　凤　　版式设计:章　可
责任校对:邹　忌　　责任印制:赵　晟

*

重庆大学出版社出版发行
出版人:陈晓阳
社址:重庆市沙坪坝区大学城西路 21 号
邮编:401331
电话:(023)88617190　88617185(中小学)
传真:(023)88617186　88617166
网址:http://www.cqup.com.cn
邮箱:fxk@ cqup.com.cn(营销中心)
全国新华书店经销
重庆永驰印务有限公司印刷

*

开本:787mm×1092mm　1/16　印张:9.5　字数:215 千
2024 年 12 月第 1 版　　2024 年 12 月第 1 次印刷
ISBN 978-7-5689-4961-3　定价:45.00 元

前言

在当今时代,新能源汽车凭借其环保、高效的特性,正逐渐成为未来交通的主流选择。然而,新能源汽车的技术复杂性也给使用者和维修人员带来了新的挑战。

本书聚焦新能源汽车的关键领域,涵盖了高压安全防护、动力电池系统的认识、维护保养与检测、充电系统的认识与检修,以及充电桩的原理与检修等多个重要项目。

项目一深入探讨高压安全防护措施及紧急应对方法,让读者在面对高压风险时能够冷静处理,确保自身安全。同时,了解新能源汽车绝缘工量具的正确使用,为实际操作提供准确可靠的工具支持。

项目二带领读者深入认识新能源汽车的核心——动力电池系统。从电芯的奥秘到动力电池系统的结构,再到性能指标的解读,让读者全面掌握动力电池的本质。

项目三围绕动力电池系统的维护保养展开,从认识故障灯到动力电池的更换、装调和均衡修复,为读者提供实用的维护技巧。

项目四专注于动力电池系统的检测,包括绝缘电阻检测和动力电池管理系统 CAN 网络故障诊断,帮助读者准确诊断问题。

项目五和项目六深入剖析新能源汽车的充电系统,从认识充电系统到车载充电机的更换,再到交流充电线束的更换、常见故障检修以及直流充电系统的故障检修,确保读者在充电环节无后顾之忧。

项目七让读者了解充电桩的结构并掌握常见故障检修方法,为新能源汽车的充电基础设施提供保障。

本书可作为中职学校汽车类相关专业的教材。由于本书涉及领域较新且编者水平有限,书中难免存在疏漏和不足之处,恳请相关专家和广大读者批评指正。

编 者
2024 年 8 月

目录

项目一　高压安全防护

项目导入

截至 2023 年底,我国新能源汽车保有量达 2 041 万辆。新能源汽车的工作电压处于高压范畴,频繁发生的安全事故使公众对新能源汽车的高压安全给予了高度关注。当然,随着技术的进步,硬件上更多地对高压安全进行防护,公众对整车高压安全的防护意识也在逐步提高。

在本项目中,主要对高压电判别、触电急救、高压安全防护用具、绝缘检测专用工具等内容进行学习。

学习支持

【知识目标】

1. 能判别高压电的类型;
2. 能认识高压电的防护措施;
3. 能熟悉基本的触电急救知识;
4. 能阐述绝缘工量具的类型;
5. 能总结绝缘检测专用工具的使用方法。

【能力目标】

1. 能正确进行触电急救;
2. 能正确检查高压安全防护用具;
3. 能正确穿戴高压安全防护用具;
4. 能正确使用绝缘检测专用工具;
5. 能正确清洁、整理工具,对工位进行"6S"操作。

【素质目标】

1. 增强新能源汽车中游产业可持续发展的社会责任感;
2. 增强新能源汽车维修工、质检员等职业的荣誉感;

3.具备安全意识、规范意识、团队意识、工匠精神及创新思维；
4.提升动力电池系统问题的分析、解决及优化能力。

【项目任务】

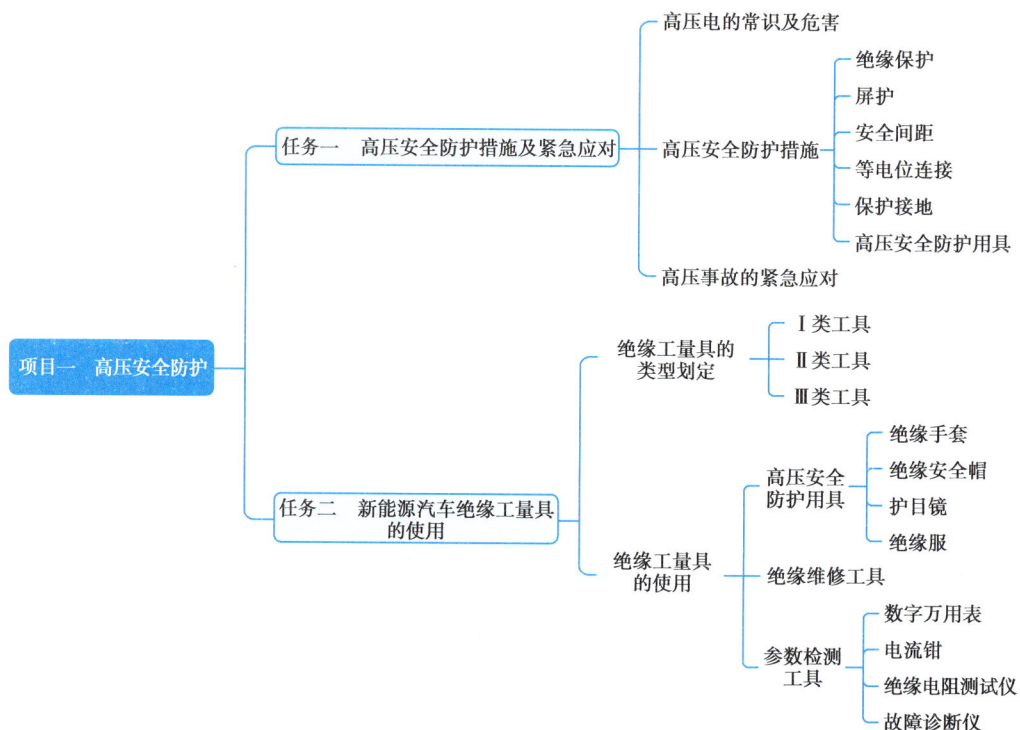

任务一　高压安全防护措施及紧急应对

一、任务描述

一名维修工在维修纯电动汽车高压系统时,没有按照安全操作规程进行操作导致触电,作为车间技术人员,需要立即对这名维修工进行现场救助。

二、知识准备

(一)高压电的常识及危害

纯电动汽车是指完全由动力电池提供电力驱动车轮的电动汽车。工作电压高达几百伏,高压系统工作时放电电流有时可高达几百安,因此,具有"高电压、高电流"的特点。电可对人体构成多种伤害,而这些伤害往往是无任何征兆的,发生在瞬息间。

电击是电流流过人体时造成的。通常人体经过大约 0.6 mA 的电流就会有发麻的感觉,超过 50 mA 的电流就会有生命危险。不同电流大小导致的人体反应见表 1-1。

表 1-1　不同电流大小导致的人体反应

流经人体的电流/mA	人体反应
0.6~1.5	手指开始感觉发麻
2~3	手指感觉强烈发麻
5~7	手指肌肉感觉痉挛,并伴有灼热感和刺痛感
8~10	手指关节与手掌感觉痛,手掌难以摆脱电源
20~25	手指感觉剧痛,迅速麻痹,不能摆脱电源,呼吸困难
50~80	呼吸麻痹,心房开始震颤,强烈灼痛,呼吸困难
90~100	呼吸麻痹,持续 3 s 或更长时间后,心脏麻痹或心脏停止跳动

需要强调的是,电流的类型不同,对人体的损伤也不同。直流电(Direct Current,DC)一般引起电伤,交流电(Alternating Current,AC)主要破坏人体的神经系统,交流电电伤与电击同时发生。

虽然电流是让人受伤的根本原因,但人体可等效成一个电阻,由欧姆定律($I=U/R$)可知,流经人体电流的大小与外加电压和人体的电阻有关。

影响人体电阻的因素有很多,通常流经人体电流的大小无法事先计算出来。因此,

为确定安全条件,通常不使用安全电流,而使用安全电压来进行估算。《家用与类似用途电器的安全 第1部分 通用要求》(GB 4943—2011)(等效于 EN 60950 或 IEC 60950)规定:在干燥的条件下,在相当于人的一只手的接触面积上,交流峰值电压高达42.4 V 或直流电压高达60 V 的稳态电压视为不具危险的电压,即安全电压。

①危险电压:大于 AC 42.4 V 或 DC 60 V。

②安全电压:小于 AC 42.4 V 或 DC 60 V。

(二)高压安全防护措施

高压安全防护措施

1. 绝缘保护

绝缘保护是使用不导电的物质将带电体隔离或包裹起来,以防止人触电的一种安全措施。

陶瓷、玻璃、云母(图1-1)、橡胶(图1-2)、木材、胶木、塑料、布、纸和矿物油等都是常用的绝缘材料。当绝缘材料所能承受的电压超过某一数值时,在强电场的作用下,会在某些部位发生放电,使其绝缘性能遭到破坏,这种放电现象叫作电击穿。

图1-1 绝缘云母片

图1-2 绝缘橡胶垫

固体绝缘在击穿后,一般不能恢复绝缘性能;气体绝缘在击穿电压消失后,绝缘性能还能恢复;液体绝缘击穿一般是沿电极间气泡、固体杂质等连成的"小桥"击穿。液体多次击穿可能导致液体失去绝缘性能。因此,应当注意的是,大多数绝缘材料受潮后会丧失绝缘性能或在强电场作用下遭到破坏丧失绝缘性能。

2. 屏护

屏护是指采用遮栏、护罩、护盖、箱闸等把带电体同外界隔绝(图1-3)。

电器开关的可动部分一般不能使用绝缘保护,而需要屏护。高压设备无论是否有绝缘保护,均应采取屏护。

屏护装置有永久性屏护装置、临时性屏护装置、固定屏护装置和移动屏护装置4种。永久性屏护装置,如配电装置遮栏、开关的罩盖等;临时性屏护装置,如检修工作中使用的临时屏护装置和临时设备的屏护装置;固定屏护装置,如母线的护网;移动性屏护装置,如跟随起重机移动的行车滑触线的屏护装置。

3. 安全间距

安全间距是指保证安全的必要距离。

间距除可防止触及或过分接近带电体外,还能起到防止火灾、防止混线、方便操作的

图1-3　屏护装置

作用。在低压工作中,最小检修距离不应小于0.1 m。间距的大小取决于电压的高低、设备的类型和安装的方式等因素。

4. 等电位连接

等电位连接是为了保证人身安全,将有可能带电伤人或损坏设备的金属导电体相互连接,消除或降低相互间的电位差的连接方式。

等电位连接概念常用于建筑领域,如住宅、医院的插座、上下水管、暖气管道、煤气管道、洗浴设备等。连接方式可分为总等电位连接(Main Equipotential Bonding,MEB)、局部等电位连接(Local Equipotential Bonding,LEB)、辅助等电位连接(Supplementary Equipment Bonding,SEB)3种。

5. 保护接地

保护接地(图1-4)是在电气设备正常运行时不带电,而在绝缘损坏时有可能带电的金属外壳用导线与接地体可靠连接起来的一种保护接线方式。

采用保护接地是目前我国低压电力网中的一种行之有效的安全保护措施。保护接地可分为接地保护和接零保护,两种不同的保护方式使用的客观环境不同。

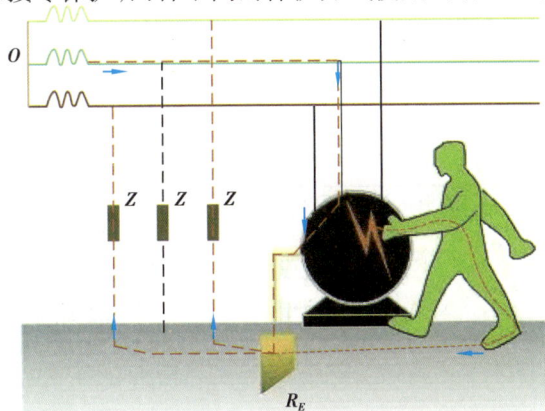

图1-4　保护接地方式

《农村低压电力技术规程》将上述两种电力网运行系统的使用范围进行了划分。保护接地（TT）系统通常适用于农村公用低压电力网，该系统属于接地保护方式；保护接零（TN）系统（TN 系统又可分为 TN-C、TN-C-S、TN-S 3 种）主要适用于城镇公用低压电力网和厂矿企业等电力客户的专用低压电力网，该系统属于接零保护方式。

6.高压安全防护用具

图 1-5 部分高压安全防护用具

高压安全防护用具（图 1-5）绝缘强度大，能长时间承受电气设备的工作电压。该用具主要包括绝缘手套、绝缘鞋、绝缘服、绝缘安全帽、护目镜和绝缘维修工具等，在操作高压设备时提供基本的、必要的绝缘保护。其中，绝缘手套、绝缘鞋均由特种橡胶制成，其能加强绝缘效果；绝缘维修工具与传统维修工具相比，两者用法相同，但外表增加了一层抗高压的绝缘层，它的选用要根据操作的高压范围确定。

（三）高压事故的紧急应对

最常见的高压事故是触电事故。在进行维修操作时如果遭受电击，对受伤人员进行救助时，如果有条件或机会，应立刻切断电源，然后用绝缘物体（如木棍、扫把等）将受伤人员与电源分离。切不可盲目接触受伤人员，应牢记：救人的前提是保证自身安全！在进行基础分离救援后，救助触电受伤人员的流程如图 1-6 所示。

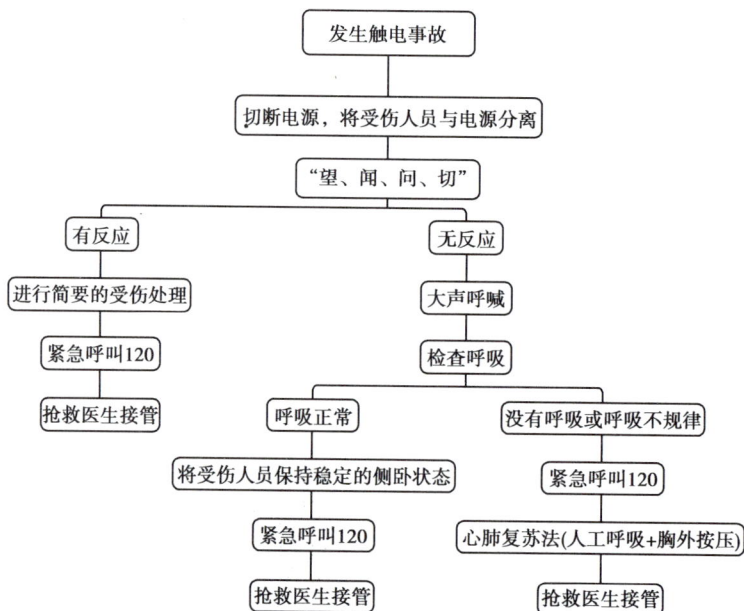

图 1-6 救助触电受伤人员的流程

当受伤人员意识不清，但呼吸正常时，需要将受伤人员翻转至侧卧位。以右侧卧位为例：抬起受伤人员右胳膊，放在头的一侧，将其左手放在右肩上，左腿屈曲，施救人员双手分别放在受伤人员左肩及左膝,将其翻转至右侧卧位(图1-7)。翻转后需注意观察受伤人员的意识、呼吸及脉搏等情况,如果受伤人员口腔有分泌物,应及时处理,防止窒息。

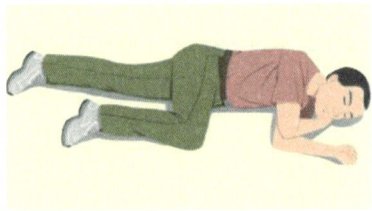
图1-7 触电受伤人员侧卧位姿势

当受伤人员意识不清,没有呼吸或呼吸不规律时,在抢救医生到达前,应立即使用心肺复苏法维持生命。其具体操作流程如下:

(1)保持受伤人员呼吸顺畅,施救人员跪于触电受伤人员右侧。

(2)找到正确位置,胸外按压心脏。按压位置如下:

①右手的食指和中指沿伤者的右侧肋弓下缘向上,找到肋骨和胸骨接合处的中点。

②两手指并齐,中指放在切迹中点(剑突底部),食指平放在胸骨下部。左手掌根紧挨食指上缘,置于胸骨上,即正确按压位置(图1-8)。

(3)以每分钟100次的频率按压胸骨下部30次,施救跪姿如图1-9所示。

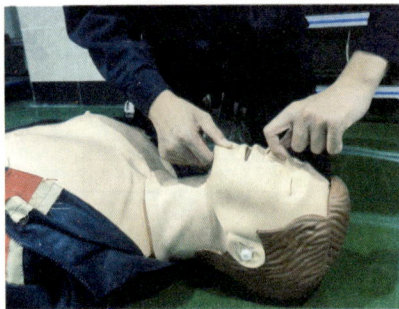
图1-8 胸外按压位置

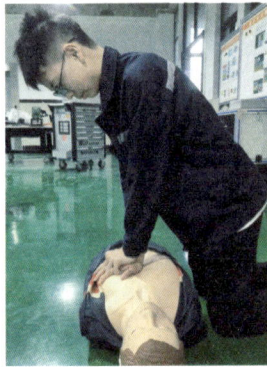
图1-9 施救跪姿

(4)伸展伤者头部,用手指捏住受伤人员的鼻翼,进行2次人工呼吸。每次吹气约1 s,吹气时应见胸廓隆起(图1-10)。

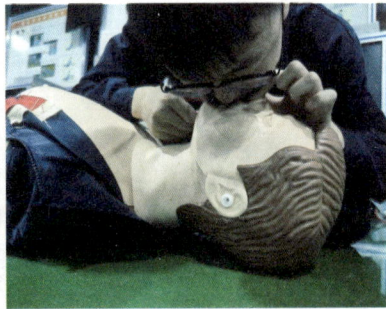
图1-10 人工呼吸方法示意图

(5)循环做30次胸外按压和2次人工呼吸(30∶2),每5组后评估受伤人员的呼吸和脉搏。实施上述急救措施至少应坚持30 min。

(6)如有条件,尽快使用自动体外除颤器(Automated External Defibrillator,AED)。

三、任务实施

（一）实施方案

1.组织方式

每 4 名同学一组,设安全员 1 名、评分记录员 1 名、施救人员 1 名、触电受伤人员 1 名。按照心肺复苏法操作标准,规范完成人工呼吸及胸外按压抢救任务。每组作业时间至少 10 min。

2.设备器材

（1）场地:高压安全实训区。
（2）设备:高压安全原理试验台。
（3）安全防护:灭火器、绝缘木棍等。
（4）耗材:毛巾、手套等。

（二）操作步骤

（1）施救人员跪于触电受伤人员右侧,保持受伤人员呼吸顺畅。
（2）找准按压位置进行胸外按压。
（3）实施仰头举颌法,打开触电受伤人员的气道。
（4）进行人工呼吸。
（5）触摸触电受伤人员的颈动脉,确认其脉搏是否恢复正常。
（6）若触电受伤人员恢复脉搏和呼吸,使其保持复苏姿势;若无反应,则继续进行心肺复苏法。
（7）整理工位和工具,清扫工位,实施"6S"管理。

（三）作业工单

专业		班级	
姓名		学号	
小组成员		组长姓名	
任务名称	模拟心肺复苏法抢救触电受伤人员		
1.任务阐述			
每 4 名同学一组,按照心肺复苏法操作标准,规范完成人工呼吸及胸外按压抢救任务并进行简要的抢救判断			

	2.任务步骤		
序号	作业项目	是否完成	作业记录
1	施救人员所处位置，保持受伤人员呼吸畅通	是□　否□	
2	进行胸外按压	是□　否□	规范□　不规范□
3	打开受伤人员气道	是□　否□	
4	进行人工呼吸	是□　否□	规范□　不规范□
5	判断脉搏是否恢复	是□　否□	正常□　不正常□
6	规范操作"6S"	是□　否□	
7	恢复工位，清理场地	是□　否□	

四、任务评价

（一）技能评定

序号	考核项目	考核内容	赋分/分	得分/分
1	施救人员所处位置	判断施救人员是否处于受伤人员右侧	5	
2	受伤人员呼吸处理	判断是否保持受伤人员呼吸畅通	12	
3	胸外按压	判断按压位置及频率是否正确	12	
4	受伤人员气道处理	判断是否采用正确的仰头举颌法	12	
5	人工呼吸	判断人工呼吸的方法及频率是否正确	12	
6	判断脉搏	能否正确判断脉搏问题并做出相应处理	12	
7	作业记录	正确填写工单	5	
8	工位整理	"6S"检查	10	
9	安全生产	遵守安全操作规程	10	
		安全用电,无人身、设备事故	10	

注:操作规范即得分,操作错误或未进行操作得0分。

（二）知识测评

1. 填空题

（1）通过了解电对人体伤害的类型，将下列图片所代表的类型填写在下方的横线上。

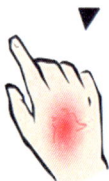

_____　_____　_____

（2）如果触电受伤人员没有意识和呼吸，施救人员应立即对触电受伤人员交替进行心肺复苏和人工呼吸。进行人工呼吸前应检查其口腔有无异物，确保其_____畅通。

（3）人体触电的安全电压为_____或_____。

2. 连线题

绝缘保护 •　　　　　• 保证人身与设备安全所设置的距离

等电位连接 •　　　　　• 电气设备在正常运行时外壳不带电，而在绝缘损坏时可能导致外壳带电的情况下，通过导线将可能带电的金属外壳与接地体可靠连接起来的一种保护接线方式

屏护 •　　　　　• 使用不导电的物质将带电体隔离或包裹起来，以对触电起保护作用的一种安全措施

保护接地 •　　　　　• 采用遮栏、护罩、护盖、箱闸等把带电体同外界隔绝

安全间距 •　　　　　• 为了保证人身安全，将有可能带电伤人或损坏设备的金属导电体相互连接，消除或降低相互间的电位差的连接方式

任务二　新能源汽车绝缘工量具的使用

一、任务描述

一辆纯电动汽车发生碰撞后需要对车辆进行定损,由于纯电动汽车具有高电压的危险,为了防止造成二次伤害,要求维修人员对绝缘工量具进行正确的使用,确保车辆与人身安全。

二、知识准备

绝缘工量具
的类型划定

（一）绝缘工量具的类型划定

维护高电压类车辆时,必须使用带有绝缘功能的工量具,主要包括常用的套筒、开口扳手、螺丝刀、钳子、电工刀等,也包括专用的仪表,如数字万用表。

使用绝缘工量具可以有效防止意外触电事故的发生,我国将绝缘工量具分为三类。

1. Ⅰ类工具

Ⅰ类工具是指采用普通基本绝缘的电动工具。在防触电保护方面不仅依靠基本绝缘,而且附加一个安全预防措施,即对正常情况下不带电,而在基本绝缘损坏时变为带电体的外露可导电部分作保护接零。为了可靠,保护接零应不少于两处,并且要附加漏电保护,同时要求操作者使用绝缘防护用品。

2. Ⅱ类工具

Ⅱ类工具是指采用双重绝缘或加强绝缘的电动工具。在防触电保护方面不仅依靠其基本绝缘,而且有将其正常情况下的带电部分与可触及的不带电的可导电部分作双重绝缘或加强绝缘的隔离措施,相当于将操作者个人绝缘防护用品以可靠、有效的方式设计制作在工具上。

3. Ⅲ类工具

Ⅲ类工具是指采用安全特低电压供电的电动工具。在防触电保护方面依靠安全变压器供电。

需要注意的是,在维修带有高电压的新能源汽车时,要求工具类型为Ⅱ类以上。

（二）绝缘工量具的使用

1. 高压安全防护用具

(1)绝缘手套。绝缘手套(图1-11)具有防水、防电、防油、防化、耐酸碱等作用,是操作高压电气设备时重要的绝缘防护装备,使用 6 个月后必须进行预防性试验。主要对其外观和气密性进行检查,检查外观有无老化黏合,通过"一转、二听、三辨"(图 1-12)来判断绝缘手套是否漏气。

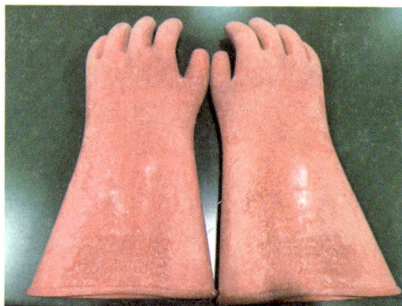

图 1-11　绝缘手套

图 1-12　"一转、二听、三辨"判别方法

（2）绝缘安全帽（图 1-13）。当纯电动汽车处于举升状态并要进行维护时应正确佩戴好绝缘安全帽。使用前,应检查其有无开裂、损伤或变形,下颌带是否牢固。佩戴时,应调整好下颌带的松紧。

（3）护目镜。护目镜（图 1-14）主要用于防止电弧伤眼。检查和维护纯电动汽车时需要佩戴护目镜,使用前应检查其是否有裂痕、损坏,佩戴时确保不轻易掉落。

图 1-13　绝缘安全帽

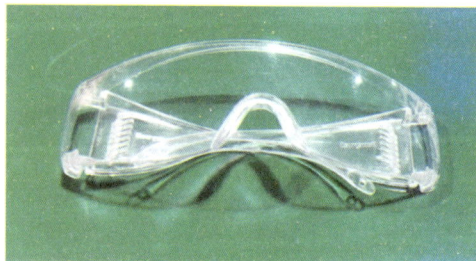

图 1-14　护目镜

（4）绝缘服。绝缘服（图 1-15）能保证高压操作时维修人员的人身安全。绝缘服应保管在通风、透气、清洁、干燥的库房内,在清洗后必须晾干,存放期间不宜与酸、油、碱及腐

蚀性物质接触。

当然,除上述用具外,还有绝缘鞋、绝缘工作垫等防护用具。能合理、正确地检查与使用这些用具,是确保后续安全操作的前提。

2.绝缘维修工具

一般来说,绝缘维修工具(图1-16)以组合的形式分布在工具车内,主要包括绝缘套筒、绝缘开口扳手、绝缘螺丝刀等。与传统维修工具相比,两者用法相同,但增加了一层抗高压的绝缘层,要求绝缘柄耐电压 1 000 V 以上,以确保维修人员的人身安全。

绝缘维修工具在使用前都要检查有无破损、金属刺穿等情况,若有,则不能用于高压维修作业。使用完要放在阴凉、干燥的地方,定期用绝缘测试仪检查最薄弱处的绝缘电阻值,若小于 1 MΩ 则禁止使用。

图 1-15　绝缘服

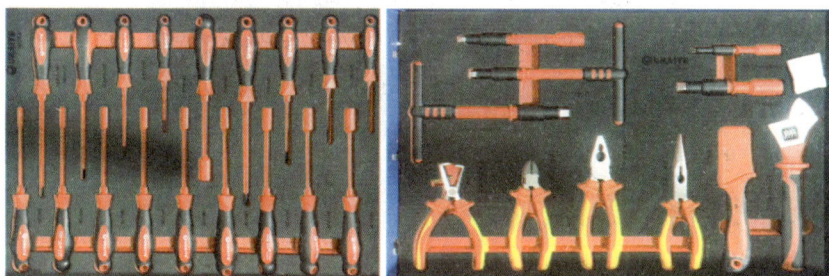

图 1-16　部分绝缘维修工具

3.参数检测工具

(1)数字万用表。数字万用表(图1-17)是一种多功能、多量程的仪表,用于测量电流、电压、电阻等。数字万用表显示清晰、准确度高、分辨力强、测试范围宽、测试功能齐全、抗干扰能力强。

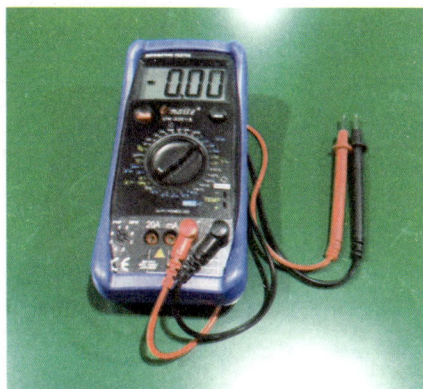

图 1-17　数字万用表

使用数字万用表测量电流的步骤如下：

①一看：看表笔插头是否在对应插孔；

②二选：选择合适的量程，选择测试直流或交流挡位，未知电流大小时要从高到低逐级测量；

③三测：被测电路与数字万用表表笔串联，测直流电流时"红进黑出"，测交流电流时不区分；

④四读：按对应量程读数；

⑤五注：测量结束后应立即把表笔插头插回电压测量插孔，以免下次使用时发生危险。

测量电压、电阻的方法与上述步骤大同小异，只要注意选择正确的挡位和量程即可。

（2）电流钳。电流钳（图1-18）可以在不断电的情况下，测量电气线路的电流，专门用于检测交流大电流。因为工作部分呈钳状，所以又称为钳形电流表。

图1-18　电流钳

测量电流时，可以按以下步骤进行。

①计算电流大小，选择正确的挡位与电流类型；

②打开电流钳，将被测量线路放入电流钳口中（注意：测量时电流钳应保持钳口闭紧，否则无法测出正确的电流）；

③移动被测量装置，读取电流值；

④如需测量变化的电流，应在第③步的基础上按下"MAX"键后再启动电流钳（或根据钳形电流表使用说明操作）。

（3）绝缘电阻测试仪。绝缘电阻（图1-19）是表征电动汽车电器好坏的重要参数。为了消除高压电对车辆和驾乘人员人身安全的潜在威胁，保证电动汽车电气系统安全，在汽车维护时需要使用绝缘电阻测试仪检测绝缘电阻，大致步骤如下：

①在检查仪器电源插头接插良好后，打开仪器面板的电源开关，预热 5 ~ 10 min；

②进行校准，以确保测量结果的准确性；

③将仪器的测试线分别连接到被测设备的绝缘部位，如绝缘外壳或端子（注意：带极性的被测件一定要按照正负极连接）；

④启动绝缘电阻测试仪，选择合适的测试模式和范围；

⑤开始测试，做好测试时刻的参数记录；

⑥测试结束后方可进行数据对比与分析，判别故障。

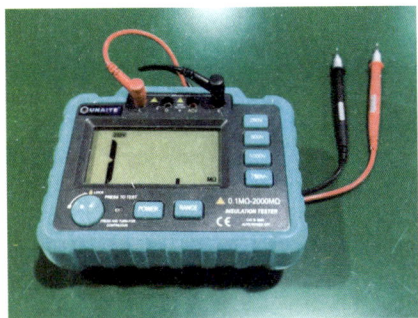

图1-19　绝缘电阻测试仪

图1-20　故障诊断仪

（4）故障诊断仪。故障诊断仪（俗称"解码器"）（图1-20）是用于检测汽车故障的便携式设备。它可以迅速读取汽车电控系统中的故障，并通过液晶显示屏显示故障信息，迅速查明发生故障的部位及原因。一款故障诊断仪通常可以适配多种车型（图1-21），汽车上的诊断座大多是统一的，以便于使用。

图1-21　部分匹配车型

一般来说，故障诊断仪都附带使用手册，每个界面都有对应的操作释义（表1-2），大致操作步骤如下：

①在车上找到诊断座（大部分是在方向盘下面左右两侧）；

②选用相应的诊断接口；

③点火开关开到ON挡；

④根据车型，进入相应诊断系统；

⑤读取故障码；

⑥查看数据流；

⑦诊断维修后清除故障码；

⑧再次启动读取故障码进行验证，直至故障码不再出现。

表 1-2　操作界面图标释义

图标	图标含义	具体说明
1	车系选择	中国车系/美国车系/欧洲车系/日本车系/韩国车系/OBD-Ⅱ,根据被测车辆正确选择
2	维修帮助	包括"音响解码功能""演示教程""资料表""电路图""KT 系列注册升级指导""防盗系统""遥控系统""维修手册"(包含故障码分析、数据流分析、基本设定与调整技巧、控制单元编码技巧、第二代与第三代防盗系统匹配)
3	ESC	触摸按钮,退出,返回上级菜单
4	⇧⇩⇦⇨	触摸按钮,方向选择
5	OK/确定	触摸按钮,确认选择
6	选择车型	根据被测车型正确选择(车型图标会根据你使用的频率自动排列)

三、任务实施

(一)实施方案

1.组织方式

每 4 名同学一组,设安全员 1 名、评分员 1 名、信息记录员 1 名、操作员 1 名。按照"1+X"技能等级考评标准及汽车维修手册要求,完成新能源汽车维修绝缘工量具的检查,掌握仪器的基本使用方法。每组作业时间至少 15 min。

2.设备器材

(1)场地:新能源整车实训区。

(2)设备:纯电动汽车、数字万用表、电流钳、绝缘电阻测试仪、故障诊断仪。

(3)安全防护:安全警示牌、灭火器、绝缘手套、护目镜、绝缘服等。

(4)耗材:毛巾、一次性白手套等。

(二)操作步骤

(1)检查高压安全防护用具。

(2)穿戴好高压安全防护用具。

(3)按步骤使用数字万用表。

(4)按步骤使用电流钳。

(5)按步骤使用绝缘电阻测试仪。

(6)按步骤使用故障诊断仪。

(7)整理工位和工具,清扫工位,实施"6S"管理。

（三）作业工单

专业		班级	
姓名		学号	
小组成员		组长姓名	
任务名称		对绝缘工量具的检查及仪器的基本使用	

1. 任务阐述

　　每 4 名同学一组，按照"1+X"技能等级考评标准及汽车维修手册要求，完成新能源汽车维修绝缘工量具的检查，掌握仪器的基本使用方法

2. 任务步骤

序号	作业项目	是否完成		作业记录	
1	高压安全防护用具的检查及正确穿戴	是□	否□	正常□	不正常□
2	数字万用表的基本使用	是□	否□	规范□	不规范□
3	电流钳的基本使用	是□	否□	规范□	不规范□
4	绝缘电阻测试仪的基本使用	是□	否□	规范□	不规范□
5	故障诊断仪的基本使用	是□	否□	规范□	不规范□
6	规范操作"6S"	是□	否□		
7	恢复工位，清理场地	是□	否□		

四、任务评价

（一）技能评定

序号	考核项目	考核内容	赋分/分	得分/分
1	高压安全防护用具的检查及穿戴	判断检查方法是否正确,是否正确穿戴好防护用具	13	
2	数字万用表的使用	判断使用步骤是否恰当	13	
3	电流钳的基本使用	判断使用步骤是否恰当	13	
4	绝缘电阻测试仪的基本使用	判断使用步骤是否恰当	13	

序号	考核项目	考核内容	赋分/分	得分/分
5	故障诊断仪的基本使用	判断使用步骤是否恰当	13	
6	作业记录	正确填写工单	5	
7	工位整理	"6S"检查	10	
8	安全生产	遵守安全操作规程	10	
		安全用电、无人身设备事故	10	

注:操作规范即得分,操作错误或未进行操作得0分。

(二)知识测评

1.填空题

(1)根据所学内容,将高压安全防护用具正确填入方框内。

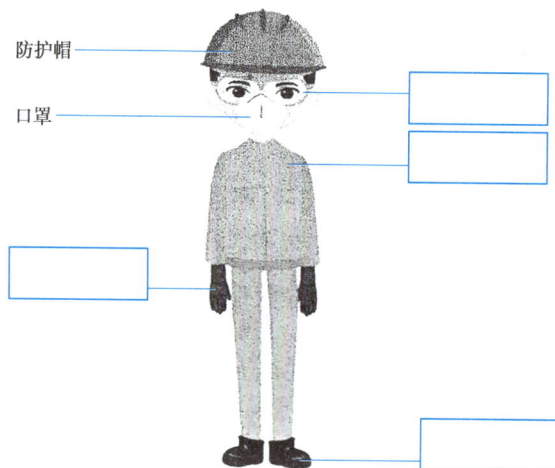

防护帽

口罩

(2)根据实图填写各工具名称。

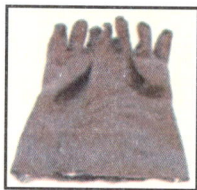  

(   )   (   )   (   )

（　　　　）　　　　　（　　　　）　　　　　（　　　　）

2.选择题

（1）进行高压系统检修时,应先断开（　　），再断开（　　）,然后使用数字万用表检查逆变器总成电压。（多选题）

  A.12 V 蓄电池负极　　B.主保险　　　　　C.维修开关　　　　　D.主继电器

（2）所有的高压导线均为（　　）。

  A.红色　　　　　　　B.黄色　　　　　　　C.橙色　　　　　　　D.任意颜色

（3）进行高压系统检修时,应戴上（　　）,使用（　　）,将高压导线拆下并使用（　　）包扎。（多选题）

  A.皮手套　　　　　　B.绝缘手套　　　　　C.棉手套　　　　　　D.螺丝刀

  E.绝缘工具　　　　　F.加强套筒　　　　　G.绝缘胶布　　　　　H.生料带

  I.绑带

五、扩展阅读

  人体接触 220 V 裸线会触电,为什么小鸟两脚站在高压裸线上却相安无事?

  人体在没有采取绝缘措施,站在地面上与超过 36 V 的工频交流电线接触时,都会形成一个闭合回路（图 1-22）。一般情况下,正常人体电阻为 1 000~2 000 Ω,那么工频 50 Hz 的 15~20 mA,以及直流 50 mA 的电流为人体摆脱电流;交流 1 mA 为人体感觉电流;交流 20~50 mA 为伤害电流;交流 100 mA 为致死电流。

图 1-22　闭合回路示意图

  由欧姆定律 $I=U/R$ 可知,当人体电阻一定时,作用于人体的电压越高,则流过人体的电流越大,其触电危险性也越大,对人体的伤害就更加严重。

小鸟两脚站在同一根电线上时,其自身与两脚之间的电线构成了并联电路。但由于小鸟自身的电阻远大于两脚间电线的电阻(小鸟脚上的角质层有极好的绝缘作用),因此大电流基本从电线上分流了,即电流基本上不从小鸟身上流过,所以小鸟是不会被电到的(图1-23)。

图1-23　小鸟两脚站在高压裸线上

因此小鸟不被电到的根本原因是几乎没有电流流过其身体。电流流过必须满足两个条件:一是有电压,二是必须有回路(回路就是电流流通的路径)。小鸟在电线上站立满足第一个条件,但是不满足第二个条件。

项目二　新能源汽车动力电池系统的认识

项目导入

　　新能源汽车作为未来交通领域的重要发展方向,其核心动力源就是动力电池,它是为电动车辆提供能量的蓄电池,也是新能源汽车区别于传统燃油汽车的标志性部件。动力电池作为电动车辆至关重要的部件,还关乎续航里程和行车的安全性,现阶段动力电池的成本约占整车的40%。

　　在本项目中,主要对电池电芯、电池系统、电池性能指标进行学习。

学习支持

【知识目标】

1. 能阐述电芯的种类;
2. 能总结动力电池系统的作用;
3. 能厘清动力电池系统的控制逻辑;
4. 能阐述动力电池性能指标的作用。

【能力目标】

1. 能正确检查电芯的性能、状态;
2. 能正确安装电池模组;
3. 能正确安装动力电池包;
4. 能正确清洁、整理工具,对工位进行"6S"操作。

【素质目标】

1. 增强新能源汽车中游产业可持续发展的社会责任感;
2. 增强新能源汽车维修工、质检员等职业的荣誉感;
3. 具备安全意识、规范意识、团队意识、工匠精神及创新思维;
4. 提升动力电池系统问题的分析、解决及优化能力。

【项目任务】

```
                                                         ┌─ 电芯的作用
                                                         ├─ 电芯的种类
                              ┌─ 任务一  认识新能源汽车电芯 ──┼─ 锂离子电芯的组成及原理
                              │                          ├─ 电芯电池组成技术
                              │                          └─ 动力电池包的组装
                              │
                              │                          ┌─ 基础概念与定义
项目二  新能源汽车动力电池系统的认识 ─┼─ 任务二  认识动力电池系统 ──┤
                              │                          └─ 系统组成与结构
                              │
                              │                          ┌─ 性能要求
                              └─ 任务三  动力电池的性能指标 ──┤
                                                         └─ 动力电池的性能指标分类
```

任务一　认识新能源汽车电芯

一、任务描述

一辆新能源汽车被拖进了维修厂，车主反映车辆的续航里程急剧下降，充电速度也变得非常缓慢。经过初步检查，其他部件都没有明显问题，怀疑是电芯出现了故障。本任务主要是规范地完成动力电池电芯的检测与组装。

二、知识准备

（一）电芯的作用

电芯作为电池的基础单元，是一个被金属外壳包裹的电化学装置，其主要功能是储存与释放电能，实现化学能与电能的相互转换。

电芯的构成包括正极、负极、隔膜和电解质。其中，正极和负极作为两个极性端分别含有活性物质，并会进行化学反应；隔膜起到隔离正负极的作用，避免它们直接接触，同时允许离子在两极间传递；电解质负责离子在电芯中的传输，确保电流的稳定流动，如图2-1所示。

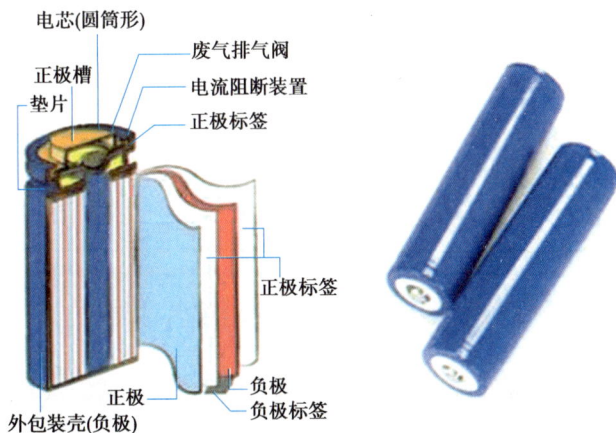

图 2-1　动力电池电芯

（二）电芯的种类

1. 按电芯外观分类

基于电芯外观进行分类，可将其分为圆柱形电芯、方形电芯和软包电芯。

电芯的种类

图 2-2　圆柱形电芯

（1）圆柱形电芯。

优点：单体电芯容量较大，功率较高，可承受高流率放电，使用寿命较长，如图 2-2 所示。

缺点：比较笨重，不适合小型化应用。

应用场景：笔记本、LED 手电筒、电动工具等。

（2）方形电芯。

优点：比较小巧，适合小型化应用；有较高的容量密度和功率密度，如图 2-3 所示。

缺点：较重，对称性不好，不适合高密度堆叠，容易出现热敏性漂移。

应用场景：简单移动电源、电动车、机器人等。

图 2-3　方形电芯

图 2-4　软包电芯

（3）软包电芯。

优点：成本较低，可以按照任意形状定制，可满足更加复杂的电池结构，如图 2-4 所示。

缺点：比较脆弱，不适合高密度堆叠，容易发生短路；使用寿命较短。

应用场景：智能穿戴设备、平板电脑、汽车、飞机等。

2. 按电芯化学类型分类

基于电芯化学类型进行分类，可将其分为锂离子电芯、镍氢电芯、镍镉电芯、铅酸电芯和固态电芯。

（1）锂离子电芯。钴酸锂电芯：具有较高的能量密度，但安全性相对较低，常用于手机、笔记本等小型电子设备。

磷酸铁锂电芯：安全性好，循环寿命长，常用于电动汽车、储能等领域。

三元锂电芯（镍钴锰或镍钴铝）：能量密度较高，综合性能较好，在电动汽车和高端电子产品中应用广泛。

（2）镍氢电芯。镍氢电芯具有良好的充放电循环性能和大电流放电能力，常用于电动工具、混合动力汽车等。

（3）镍镉电芯。镍镉电芯具有较好的耐过充放电能力，但由于镉元素对环境有污染，逐渐被其他类型替代。

（4）铅酸电芯。铅酸电芯成本低，技术成熟，但能量密度较低，质量较大。其主要用于汽车启动电源、电动自行车等。

（5）固态电芯。固态电芯使用固态电解质替代传统的液态电解液,具有更高的安全性和潜在的更高能量密度,是当前电池研究的热点之一。

（三）锂离子电芯的组成及原理

锂离子电芯的组成及原理,如图2-5所示。

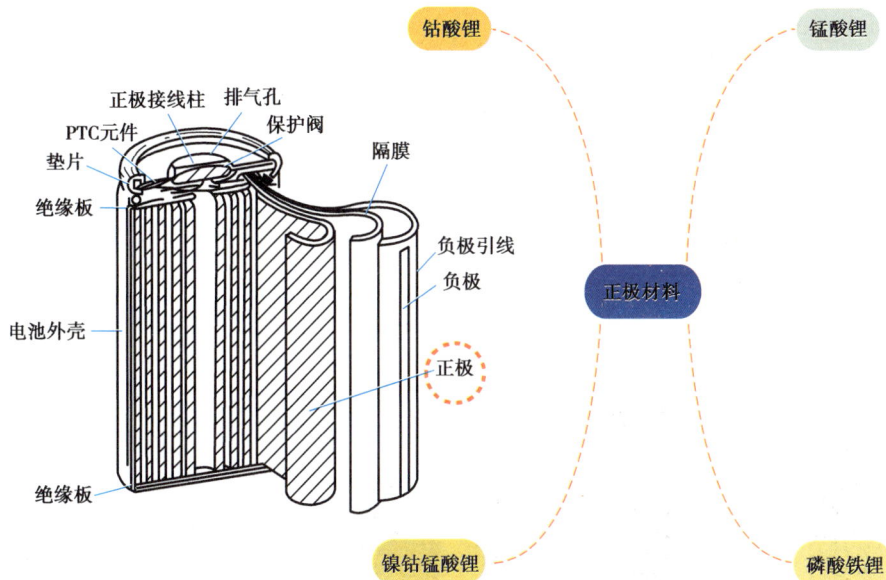

图 2-5　锂离子电芯的组成及原理

1. 锂离子电芯的组成

电芯主要由正负极极片、极耳、隔膜、包装膜和电解液组成,每部分都有自己的功能作用。

（1）正极极片。将正极材料涂覆在铝箔上,然后冲压成型。锂离子蓄电池的工作原理目前是用固体物理学中嵌入的概念来解释的,这里的嵌入是指可移动的客体粒子(分子、原子、离子)可逆地嵌到具有合适尺寸的主体晶格中的网络空格点上的方式。锂离子蓄电池的正负极材料都是由锂离子和电子的混合导体嵌入化合物形成的。

锂离子电芯的组成及原理

（2）负极极片。将负极材料涂覆在铜箔上,然后冲压成型。负极活性物质为石墨或近似石墨结构的碳,导电集流体使用厚度为 $7 \sim 15\ \mu m$ 的电解铜箔。

（3）极耳。极耳的主要作用是将内部正负极的电能传递到外部电路。聚合物电池极耳的正极为铝带、负极为镍带,考虑到与铝塑包装膜的密封性,故在密封处极耳上带有一层极耳胶。同时由于正极铝带很容易断裂,故在加工、运输、储存、使用等过程中要特别注意防护。为保证密封效果,极耳胶材质与包装膜内层材质基本一致,大多是 PE 类物质。

（4）隔膜。隔膜放在正极极片与负极极片之间,隔膜的作用是将电池正负极隔开,防

止两极直接短路。隔膜本身不导电,但电解质离子可以通过。

(5)电解液。电解液在电池中作为能量传递的载体。

2. 锂离子电芯的工作原理

典型的锂离子蓄电池体系为

$$(-)C \mid LiPF_6 —— EC+DEC \mid LiCoO_2(+)$$

式中　(−)C——石墨,为负极材料;

　　　$LiPF_6$——六氟磷酸锂,为电解质;

　　　EC+DEC——碳酸乙烯酯、碳酸二乙酯混合电解液;

　　　$LiCoO_2(+)$——钴酸锂,为正极材料。

如图 2-6(a)所示,当用外部电源为锂离子蓄电池充电时,锂离子从正极材料晶格中脱出,通过电解液和隔膜嵌入负极材料晶格中。如图 2-6(b)所示,当锂离子蓄电池的正负极连接负载时,锂离子从负极材料晶格中脱出,通过电解液和隔膜嵌入正极材料晶格中。在整个充放电过程中,锂离子往返于正负极之间。同时,由于隔膜的作用,电子只能通过外电路由正极移动到负极(充电时)形成充电电流,或者由负极移动到正极(放电时)形成放电电流,如图 2-6(b)所示。

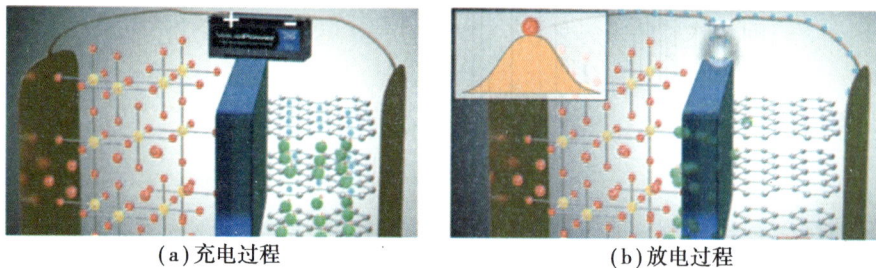

(a)充电过程　　　　　　　　　　　　(b)放电过程

图 2-6　锂离子往返于正负极之间

在充放电过程中,锂离子处于正极→负极→正极的运动状态,反应过程中既不消耗电解质,也不产生气体,因此锂离子蓄电池可以做成完全封闭的结构,从根本上解决了锂离子蓄电池的循环性和安全性差的问题。

小贴士

锂离子蓄电池内部时刻都在发生副反应。在每次充放电循环中,任何能够产生或消耗锂离子(或电子)的副反应都会改变锂离子蓄电池容量的平衡,并且这种改变是不可逆的。经过多次循环累积,锂离子蓄电池的性能会出现衰退甚至失效。因此,通常使用锂离子蓄电池的充放电循环次数来表示其使用寿命。

(四)电芯电池成组技术

电池单体:将化学能与电能进行相互转换的基本单元装置。电池单体通常包括电极、隔膜、电解质、外壳和端子,并被设计成可充电模式。

电池模组:又称为电池模块,将一个以上的电池单体按照串联、并联或串并联方式组合,并作为电源使用的组合体。

动力蓄电池总成:具有从外部获得电能并可对外输出电能的单元。它通常包括电池单体、电池管理模组(不含 BCU)、电池箱及附件(冷却部件、连接线缆等)。

动力蓄电池系统:一个或一个以上的动力蓄电池总成及相应附件(BMS、高压电路、低压电路及机械总成等)构成的能量储存装置。

电芯电池
成组技术

(五)动力电池包的组装

1.串联方式成组

串联方式成组是将多个电池按照一定的顺序连接起来,从而形成一个更大电压的组合。串联方式成组的电池模组最大的优点是:可以提高系统的电压,从而提高整个电池组的输出功率。这种成组方式适用于需要高电压而不需要高电流的场合,如电动汽车电机驱动。

2.并联方式成组

并联方式成组是将多个电池同时连接在一起,从而形成一个更大电流的组合。并联方式成组的电池模组最大的优点是:可以提高系统的电池容量,从而提高整个电池组的储能能力。这种成组方式适用于需要高电流而不需要高电压的场合,如储能系统。

3.混联方式成组

混联方式成组是将多个电池同时连接在一起,并且在电池之间进行串联,从而既提高了电流,又提高了电压。这种成组方式适用于既需要高电流又需要高电压的场合,如 UPS 电源系统等。

三、任务实施

(一)实施方案

1.组织方式

每 6 名同学一组,按照企业岗位的操作标准,参照厂家维修手册,依据"1+X"证书考核标准,规范完成动力电池电芯的检测与组装,每组作业时间为 40 min。

2.设备器材

(1)场地:理实一体化教室。

(2)设备:实训工作台、工具车、电芯、数字万用表、垃圾桶等。

(3)安全防护:灭火器、高压防护套装、绝缘工具套装等。

(4)耗材:干净抹布。

（二）操作步骤

（1）检查工作环境的安全性，做好个人安全防护。

（2）检查绝缘工具套装，检测工量具是否正常。

（3）测量电芯电压并填写工单。

（4）测量电芯内阻并填写工单。

（5）根据工单要求将电芯组装成模组。

（6）拆卸电芯恢复工位。

（7）整理工位和工具，清扫工位，实施"6S"管理。

电芯的检测
与组装

（三）作业工单

专业		班级	
姓名		学号	
小组成员		组长姓名	
任务名称	动力电池电芯的检测与组装		
1. 任务阐述			
针对客户车辆，参照车辆使用说明书和维修手册，按照动力电池系统的技术要求，完成对电芯外观及性能的检测工作，确保车辆动力电池的稳定性和安全性，根据要求对电芯进行组装			
2. 任务步骤			

序号	作业项目	是否完成	作业记录
1	工位安全检查、环境安全检查	是□　否□	
2	检查绝缘工具套装、工量具	是□　否□	
3	检测电芯电压，填写工单	是□　否□	正常□　不正常□
4	检测电芯内阻，填写工单	是□　否□	正常□　不正常□
5	根据要求对电芯进行组装	是□　否□	
6	规范操作"6S"	是□　否□	
7	恢复工位，清理场地	是□　否□	

四、任务评价

（一）技能评定

序号	考核项目	考核内容	赋分/分	得分/分
1	准备工作	检查工作环境	5	
		检查绝缘工具、防护工具	5	
		检查测量工具	10	
2	检查电芯	检查电芯电压	15	
		检查电芯内阻	15	
3	组装电芯	正确组装电芯	15	
4	作业记录	正确填写工单	5	
5	工位整理	"6S"检查	10	
6	安全生产	遵守安全操作规程	10	
		安全用电,无人身、设备事故	10	

注:操作规范即得分,操作错误或未进行操作得0分。

（二）知识测评

1. 选择题

(1)电芯的主要组成部分不包括(　　)。

　　A. 正极材料　　　　B. 外壳　　　　　　C. 电解液　　　　　D. 集成电路

(2)(　　)通常不作为电芯的正极材料。

　　A. 钴酸锂　　　　　B. 磷酸铁锂　　　　C. 石墨　　　　　　D. 三元材料

(3)电芯的容量通常用单位(　　)来表示。

　　A. V　　　　　　　B. A　　　　　　　C. W·h　　　　　　D. Ω

2. 填空题

(1)电芯在充放电过程中,发生的化学反应主要在_____和_____之间进行。

(2)常见的电芯类型有_____电芯、_____电芯和_____电芯。

(3)影响电芯性能的主要因素包括_____、_____和_____等。

3. 简答题

(1)简述电芯内阻对电池性能的影响。

(2)解释什么是电芯的放电倍率,以及它对电池使用的重要性。

任务二　认识动力电池系统

一、任务描述

汽车专业人员需要对新能源汽车各项性能指标了然于胸。针对动力蓄电池的各项性能,经常有人会提出诸如"是三元锂电池还是磷酸铁锂电池""动力蓄电池的容量是多少""快速充电需要多长时间能充满""动力蓄电池的寿命有多长"等问题。本任务主要是规范地认识动力蓄电池总成。

二、知识准备

(一)基础概念与定义

新能源汽车动力电池系统是专为新能源汽车(如电动汽车、混合动力汽车等)设计的电池组件,是车辆的重要能量来源或唯一能量来源。该系统不仅包含作为能量载体的动力电池(电芯或电池模组),还包括电池管理系统(Battery Management System,BMS)、热管理系统、电气和结构组件等多个部分,共同构成一个复杂的能量存储、管理和分配系统。

(二)系统组成与结构

动力电池系统组成与结构

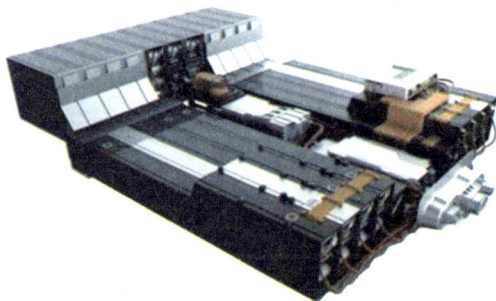

1.动力电池

动力电池是为电动工具提供动力的电源,多指为电动汽车、电动列车、电动自行车、高尔夫球车等提供动力的蓄电池,如图2-7所示。

图2-7　动力电池

2.BMS

BMS是新能源汽车的核心部件之一,主要用于对动力蓄电池进行安全监控和能量管理。动力蓄电池的性能取决于动力蓄电池总成和BMS的整体性能,尤其在各电池单体的性能已经确定的情况下,BMS 的性能水平直接决定了动力蓄电池的性能。

BMS 是一种对动力蓄电池进行能量管理和运行控制的装置。根据布置方式的不同,BMS 可分为分布式和集中式两种。

(1)分布式 BMS。采用主从板架构的分布式 BMS,一般由 BMS 主板、电流采集模块、BMS 从板组成。它可以使动力蓄电池工作在合适的温度和湿度环境下,以保证动力蓄电池可充放电能量及寿命的最大化,如图 2-8 所示。

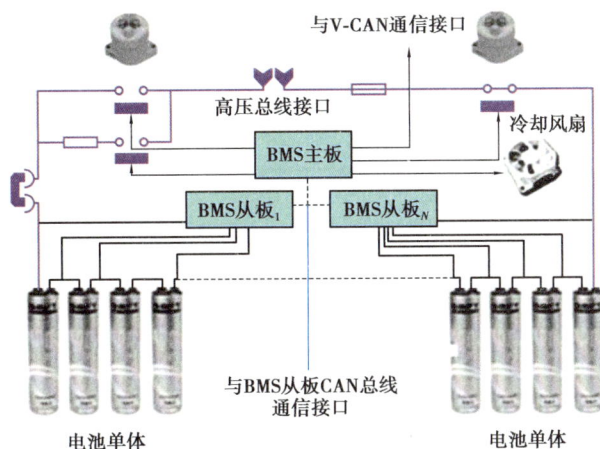

图 2-8　采用主从板架构的分布式 BMS

(2)集中式 BMS。其优点是结构紧凑,成本较低,由于采集模块、备份模块在同一块 BMS 主板上,它们之间的通信更便捷。集中式 BMS 的缺点很明显,即采样线束较长,导致采样线束的设计较为复杂,长导线和短导线会产生不同的电压降,不利于电池单体的均衡控制;整个动力蓄电池总成的线束排布也十分复杂,BMS 所能支持的最高通道有限。集中式 BMS 一般用于容量低、总电压低、电池单体数量少、动力蓄电池总成体积小的车型上,如图 2-9 所示。

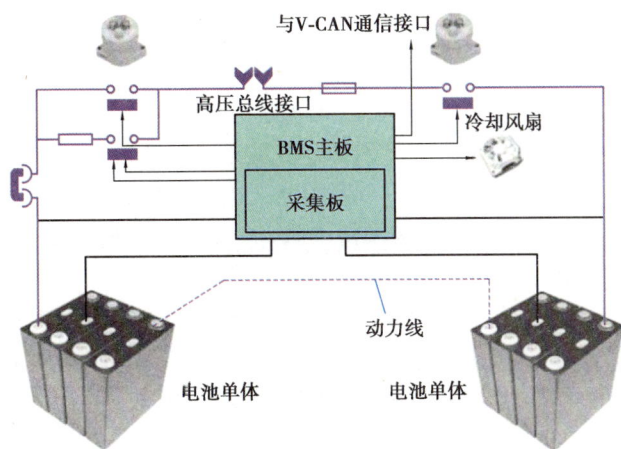

图 2-9　集中式 BMS

BMS 可以看作动力蓄电池的"大脑",其功能架构如图 2-10 所示。

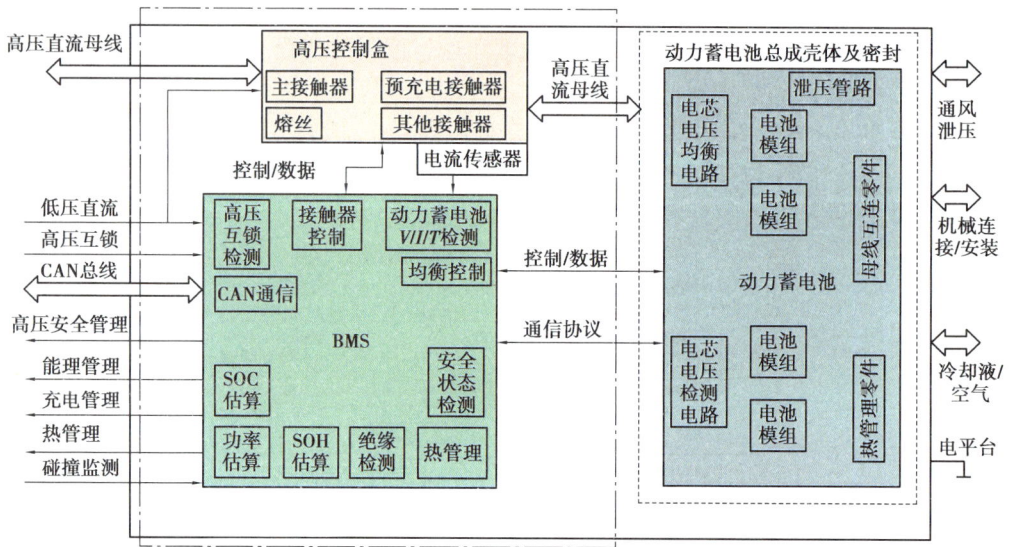

图 2-10　BMS 的功能架构

BMS 主要由单体监控单元（Cell Supervision Circuit,CSC）和电池管理单元（Battery Management Unit,BMU）两部分组成。

CSC 负责测量动力蓄电池的电压、电流和温度等参数,同时还有均衡控制等功能。CSC 在测量完这些数据后,会将数据通过通信线束传送给 BMU。

BMU 负责评估 CSC 传送的数据,如果数据异常,则对动力蓄电池进行保护,发出降低工作电流的控制指令,或者切断充放电电路,以避免动力蓄电池超出许可的使用条件,同时还对动力蓄电池的能量、温度等进行管理。根据设计好的控制策略,判断需要发出警示信息的参数和状态,并将警示信息传送 VCU,最终由 VCU 通过组合仪表传达给驾驶员。

3.热管理系统

（1）温度均衡。在电池热管理系统的控制策略中,除了需要考虑冷却效率,还需要考虑所有电池单体、电池模组的温度一致性,即温度均衡控制。动力蓄电池有成百上千个电池单体,而温度传感器必然无法检测到每个电池单体的温度。例如,特斯拉 Model S 的一个电池模组中有 444 个电池单体,而布置的温度检测点只有 2 个。因此,需要通过温度均衡控制使各电池单体的温度尽可能保持一致,并且温度均衡是动力蓄电池的功率、寿命、SOC 等特性参数一致的前提。

（2）电池热管理系统的组成及工作原理。帝豪 EV450 的热管理系统包括驾乘舱热管理系统、电池热管理系统、电驱动热管理系统 3 个部分。其中,电池热管理系统主要由电动水泵、膨胀罐、散热器、冷却风扇、热管理控制器（图中未画出）、相关管路（图中未标出）等组成,如图 2-11、图 2-12 所示。

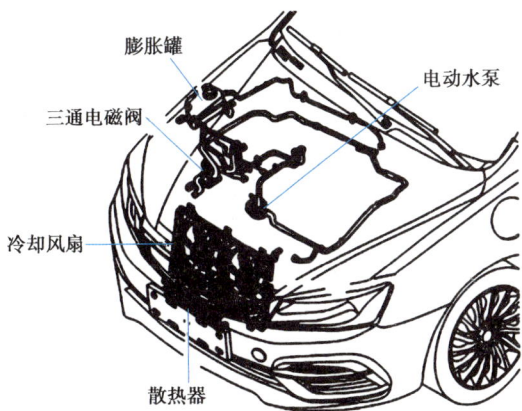

图 2-11 帝豪 EV450 电池热管理系统

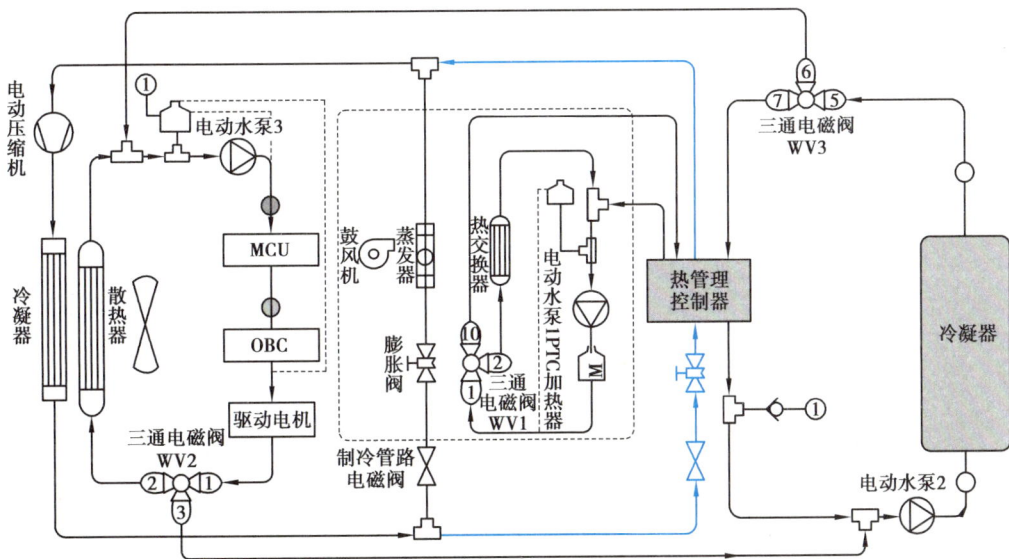

图 2-12 电池热管理系统的组成

冷却回路通过热交换集成模块引入驾乘舱电池热管理系统的制冷回路,为动力蓄电池降温,如图 2-13 所示。

图 2-13 冷却回路

BMS 根据检测到的进出口冷却液温度及电池单体的温度,判定是否启动冷却系统。当需要启动冷却系统时,热管理控制器控制热交换器电磁阀打开,启动电动压缩机进行制冷循环,此时热交换器中的制冷剂回路相当于蒸发器。同时,热管理控制器控制三通电磁阀 WV3 的 5 号、7 号管路接通,电动水泵 2 运转,促使冷却液流进热交换器,将热量传给冷却系统。热管理控制器根据动力蓄电池温度状态的变化调节制冷量和电动水泵的转速,以精确控制动力蓄电池的温度。

(3)PTC 加热器加热回路。当动力蓄电池的最低温度小于-10 ℃时,PTC 加热器加热回路利用驾乘舱的 PTC 加热器对动力蓄电池进行加热,如图 2-14 所示。

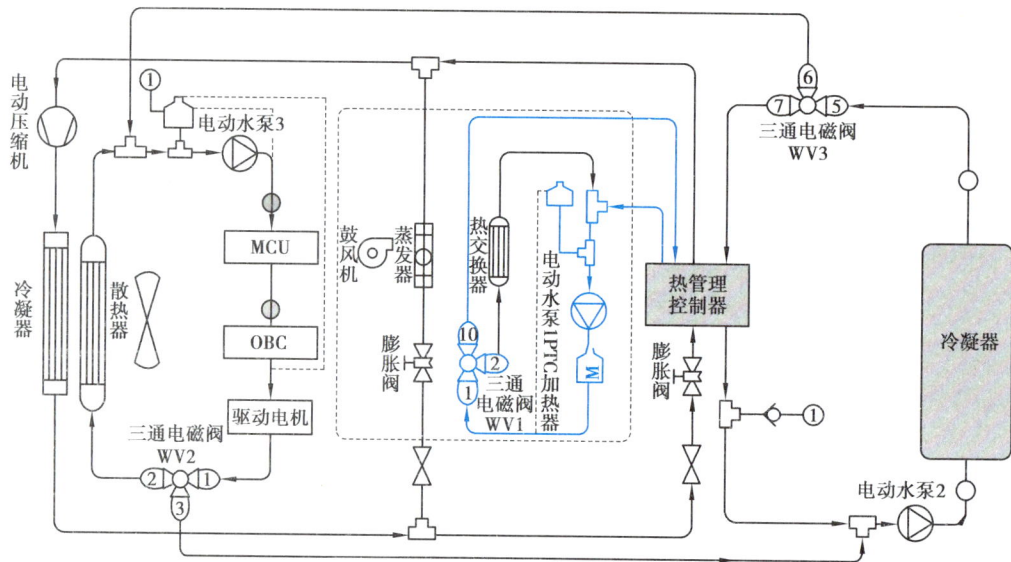

图 2-14　PTC加热器加热回路

　　热管理控制器控制三通电磁阀 WV1 的 1 号、10 号管路接通,三通电磁阀 WV3 的 5 号、7 号管路接通,启动 PTC 加热器、电动水泵 1 和电动水泵 2。冷却液的流动顺序:电动水泵 1→PTC 加热器→三通电磁阀 WV1→热交换器→电动水泵 1。加热后的冷却液与动力蓄电池冷却液在热交换器中进行热量交换,将热量传递至动力蓄电池冷却液,对动力蓄电池进行加热。

　　(4) 电驱动加热回路。当动力蓄电池有加热需求且最低温度大于-10 ℃时,电池热管理系统采用电驱动加热回路,利用车辆运行过程中电驱动系统产生的热量对动力蓄电池进行加热,从而有效降低动力蓄电池的电能消耗,如图 2-15 所示。

图 2-15　电驱动加热回路

热管理控制器控制三通电磁阀 WV2 的 1 号、3 号管路接通,控制三通电磁阀 WV3 的 5 号、6 号管路接通,同时启动电动水泵 2 和电动水泵 3,促使电驱动系统冷却回路的高温冷却液流向动力蓄电池,对动力蓄电池进行加热。

4.电气和结构组件

观察动力蓄电池总成、电池模组,找出电压、温度检测点,如图 2-16 所示。

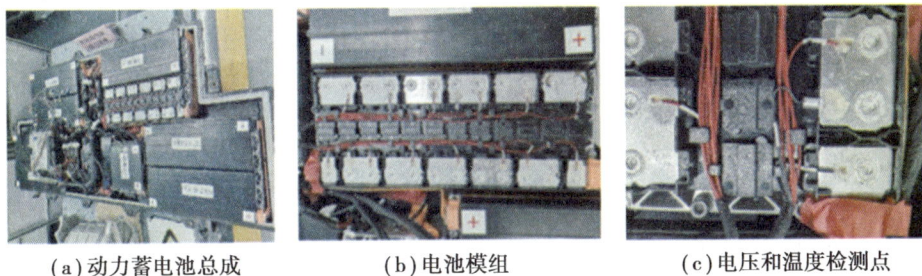

(a)动力蓄电池总成　　　　(b)电池模组　　　　(c)电压和温度检测点

图 2-16　动力蓄电池总成、电池模组、电压和温度检测点

(1)主要功能与作用。

①能量储存与供给:为新能源汽车提供足够多的能量以驱动车辆电动机行驶。

②状态监测与管理:实时监测电池组的状态参数,确保电池组的安全、高效运行。

③热管理:控制电池的温度,防止电池过热或过冷,延长电池的使用寿命和提高车辆的性能。

④安全保护:具备过充电保护、过放电保护、短路保护等功能,防止异常情况的发生对车辆和人员造成损害。

(2)发展趋势。

①高能量密度电池的研发:随着新能源汽车市场的不断扩大和技术的不断进步,高能量密度电池成为研发热点。这种电池能够在相同体积或质量下储存更多能量,从而提高车辆的续航里程和性能。

②快速充电技术的普及:快速充电技术能够大大缩短新能源汽车的充电时间,提高用户体验。随着技术的进步和成本的降低,快速充电技术有望在新能源汽车领域得到更广泛的应用。

③电池回收与再利用:电池回收与再利用是新能源汽车动力电池系统可持续发展的重要环节。通过建立健全的电池回收和再利用体系,可以减少废旧电池对环境的污染并回收有用材料降低电池生产成本。

(3)技术前沿。

①固态电池技术:固态电池采用固态电解质替代传统液态电解质,具有更高的能量密度、更好的安全性和更长的使用寿命等优点。目前,固态电池技术仍处于研发阶段,但有望在未来成为新能源汽车动力电池的主流技术之一。

②新型电池材料:随着材料科学的不断进步,新型电池材料(如硅基负极材料、锂硫电池等)不断涌现。这些新型材料具有更高的能量密度和更好的性能表现,有望为新能源汽车动力电池系统带来革命性的变化。

三、任务实施

（一）实施方案

1. 组织方式

每 6 名同学一组,按照企业岗位的操作标准,参照厂家维修手册,依据"1+X"证书考核标准,规范认识动力蓄电池总成,每组作业时间为 40 min。

2. 设备器材

（1）场地:理实一体化新能源汽车实训室。

（2）工具及设备:数字万用表、专用工具、防护用具。

（3）台架/车辆:帝豪 EV450。

（4）辅助资料:车辆维修手册等。

（二）操作步骤

（1）检查工作环境的安全性,做好个人安全防护。

（2）检查绝缘工量具套装,检测工量具是否正常。

（3）记录车辆信息并填写工单。

（4）检查动力蓄电池总成并填写工单。

（5）根据工单要求记录动力蓄电池。

（6）整理工位和工具,清扫工位,实施"6S"管理。

动力蓄电池
的认识

（三）作业工单

专业		班级	
姓名		学号	
小组成员		组长姓名	
任务名称		认识动力蓄电池总成	
1. 任务阐述			
针对客户车辆,参照车辆使用说明书和维修手册,按照动力电池系统的技术要求,认识动力蓄电池总成,确保车辆动力电池的稳定性和安全性			
2. 任务步骤			
序号	作业项目	是否完成	作业记录
1	工位安全检查、环境安全检查	是□　　否□	
2	检查绝缘工具套装、工量具	是□　　否□	

序号	作业项目	是否完成	作业记录
3	记录车辆信息，填写工单	是☐ 否☐	正常☐ 不正常☐
4	认识动力蓄电池总成，填写工单	是☐ 否☐	正常☐ 不正常☐
5	根据工单要求记录动力蓄电池	是☐ 否☐	
6	规范操作"6S"	是☐ 否☐	
7	恢复工位，清理场地	是☐ 否☐	

四、任务评价

（一）技能评定

序号	考核项目	考核内容	赋分/分	得分/分
1	准备工作	检查工作环境	5	
		检查绝缘工具、防护工具	5	
		检查测量工具	10	
2	认识动力蓄电池总成	认识动力蓄电池总成接地 认识固定螺栓和接地线	15	
		认识电池箱后部固定螺栓	15	
3	记录动力蓄电池	检查数字万用表，记录单体电压，判断其是否正常	15	
4	作业记录	正确填写工单	5	
5	工位整理	"6S"检查	10	
6	安全生产	遵守安全操作规程	10	
		安全用电，无人身、设备事故	10	

注：操作规范即得分，操作错误或未进行操作得0分。

（二）知识测评

1.单项选择题

（1）动力电池系统的核心组成部分是（   ）。

　　A.电池管理系统　　　B.电池模组　　　　C.电池箱体　　　　D.以上都是

(2)以下哪种电池类型在动力电池系统中应用较为广泛？（　　）

    A.镍镉电池   B.镍锌电池   C.锂离子电池   D.铅酸电池

(3)电池管理系统的主要功能不包括(　　)。

    A.均衡电池组电压   B.控制电池充电电流

    C.提高电池能量密度   D.监测电池状态

(4)动力电池系统的工作温度一般在(　　)范围内较为合适。

    A.−20～60 ℃   B.0～40 ℃   C.10～50 ℃   D.5～35 ℃

(5)下列哪项不是影响动力电池系统性能的因素？（　　）

    A.电池单体一致性   B.车辆行驶速度

    C.环境温度   D.充放电倍率

(6)动力电池系统的绝缘电阻应大于(　　)。

    A.100 Ω/V   B.200 Ω/V   C.500 Ω/V   D.1 000 Ω/V

2.多项选择题

(1)动力电池系统的冷却方式通常有(　　)。

    A.风冷   B.水冷   C.油冷   D.自然冷却

(2)以下属于电池模组结构形式的有(　　)。

    A.圆柱形   B.方形   C.软包   D.棱柱形

(3)电池管理系统对电池状态的监测参数包括(　　)。

    A.电压   B.电流   C.温度   D.内阻

(4)提高动力电池系统安全性的措施有(　　)。

    A.安装过压保护装置   B.进行热管理优化

    C.加强电池箱体结构强度   D.采用防火材料

(5)动力电池系统的回收利用主要包括(　　)。

    A.电池单体的拆解   B.有价金属的提取

    C.电池材料的再生   D.整体翻新再利用

3.简答题

(1)简述动力电池系统中电池模组的作用及组成。

(2)说明电池管理系统如何实现电池均衡,并阐述其重要性。

4.论述题

结合实际应用,论述动力电池系统在新能源汽车中的发展趋势以及面临的挑战。

任务三　动力电池的性能指标

一、任务描述

在如今的新能源领域,动力电池(图 2-17)作为电动汽车、储能系统等的核心组件,其性能的优劣直接决定了相关设备的使用体验和市场竞争力。本任务主要是通过实际操作和数据分析,对动力电池的性能指标进行查找。

图 2-17　动力电池

二、知识准备

（一）性能要求

动力电池是为混合动力汽车和电动汽车提供动力的电池。其最重要的特点就是高功率和高能量。高功率意味着更大的充放电强度,高能量表示更高的质量比能量和体积比能量。动力蓄电池系统需要按照最优化的整车设计应用指标进行设计,根据电池种类的不同,其性能指标也会不同。

（二）动力电池的性能指标分类

动力电池作为汽车的动力源,在汽车上发挥着重要作用。评价蓄电池性能时主要看性能指标。

动力电池性能指标包括电压、容量、内阻、电池能量、能量密度、功率与功率密度、放电倍率、充电方式、荷电状态与放电深度、自放电率、循环寿命、蓄电池的一致性等。

动力电池组成如图 2-18 所示。

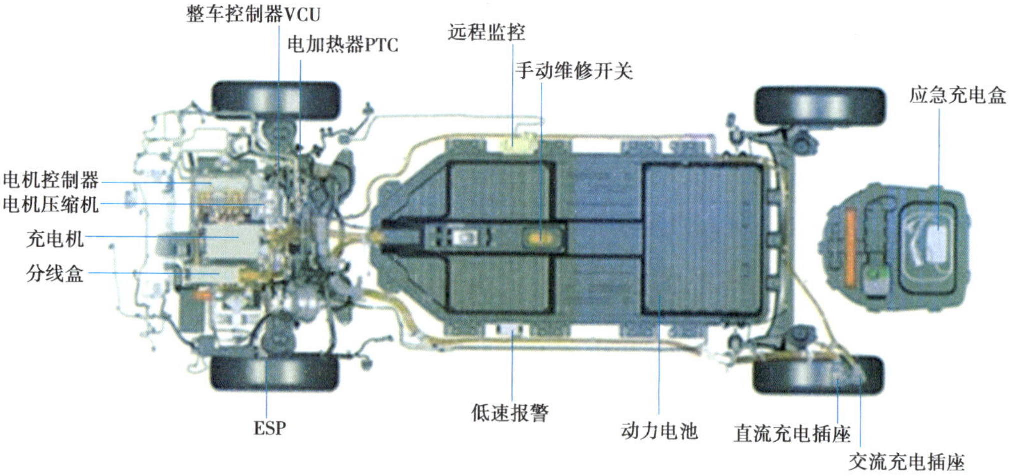

图 2-18　动力电池组成

1. 电压

（1）电动势。电动势是反映电池把其他形式的能转换成电能的本领的物理量。电池两端产生的电动势是指电池正负电极之间的平衡电势差，即在没有电流通过时的两电极之间的电势差，通常用 E 表示，单位用 V 表示。在实际应用中，电池的开路电压在数值上几乎和电池的电动势一样。

（2）开路电压。开路电压是指电池在开路状态下的端电压。电池的开路电压等于电池在断路时（没有电流通过两极时）电池的正电极电势与负电极电势之差。电池的开路电压取决于电池正负极材料的活性、电解质和温度条件等，而与电池的几何结构和尺寸无关。

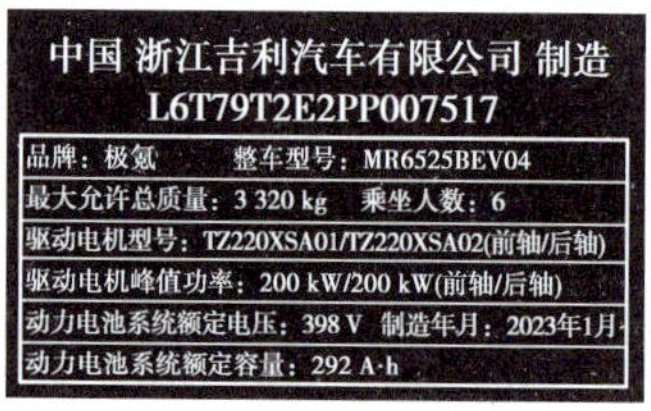

图 2-19　额定电压

（3）额定电压。电池的额定电压（图 2-19）是指电池在标准工作条件下的电压值。在充电器或电池说明书中，我们常常可以看到类似于"额定电压：4.6 V"的描述，它告诉我们该电池的标准工作电压为 4.6 V。额定电压是电池设计制造过程中固定的数值，代表着电池所能提供电力的能力。

2. 容量

容量是指电池所能储存的电荷量，也就是电动汽车的续航里程表现，它是电池性能的重要指标，由电极的活性物质决定，容量用 C 表示，单位用 A·h 或者 mA·h 表示。

容量包括实际容量、标称容量和额定容量。

（1）实际容量。实际容量是指在一定的放电制下，电池所能给出的电量。实际容量一般都不等于额定容量，它与温度、湿度、充放电倍率等直接相关。一般情况下，实际容量比额定容量稍小一些，有时甚至比额定容量小很多。

（2）标称容量。标称容量是指活性物质全部参加电池反应所给出的电量，即最理想状态下的容量。

（3）额定容量。额定容量是指铭牌上所标明的电机或电器在额定工作条件下能长期持续工作的容量。通常对于变压器为视在功率,对于电机为有功功率,对于调相设备为视在功率或无功功率来说,单位为 V·A、kV·A、MV·A。

3. 内阻

内阻是指电池在工作时,电流流过蓄电池内部受到的阻碍作用。内阻的单位一般为毫欧姆（mΩ）,内阻大的电池,在充放电时,内部功耗大,发热严重,会造成锂离子电池的加速老化和寿命衰减,同时也会限制大倍率的充放电应用。因此,内阻做得越小,锂离子电池的寿命和倍率性能就越好。

4. 电池能量

电池在一定条件下对外做功所能输出的电能叫作电池能量,单位一般用 W·h 表示,分为理论能量和实际能量。

理论能量（W_0）是在放电过程处于平衡状态,放电电压保持电动势（E）的数值,且活性物质利用率为100%的条件下,电池所获得的能量,即可逆电池在恒温恒压下所做的最大非膨胀功。实际能量（W）是电池放电时实际获得的能量。

5. 能量密度

能量密度是指在一定的空间或质量物质中储存能量的大小。电池的能量密度也就是电池平均单位体积或质量所释放出的电能。

电池能量密度=电池容量×放电平台/电池厚度/电池宽度/电池长度,基本单位为 W·h/kg。

电池的能量密度越大,单位体积内存储的电量越多。

6. 功率与功率密度

功率是指蓄电池在一定放电条件下,单位时间内蓄电池输出的能量,单位是 W 或 kW。理论上,电池的功率可以表示为

$$P_0 = \frac{W_0}{t} = \frac{C_0 E}{t} = IE$$

式中　W_0——放电功率;

t——放电时间;

C_0——电池的理论容量;

I——恒定的放电电流;

E——放电电压保持电动势。

功率密度是指从蓄电池的单位质量或单位体积所获取的输出功率,又称比功率,用 kW/kg、W/g 表示。功率密度的大小,表示电池所能承受的工作电流的大小,电池功率密度大,表示它可以承受大电流放电。功率密度是考核电池及电池组是否满足电动汽车加速和爬坡能力的重要指标。

7. 放电倍率

放电倍率是指以放电电流的数值对额定容量数值的倍率表示的放电率。

（1）时率（时间率）。时率是指电池以某种电流放电，放完额定容量所经过的放电时间。汽车用电池一般用 20 小时率容量表示。

（2）倍率（电流率）。倍率是指电池以某种电流放电的数值为额定容量数值的倍数。

8. 充电方式

（1）CC/CV。CC 即恒流，以固定的电流对电池充电；CV 即恒压，以固定的电压对电池充电，充电电流会随着电池充满而逐渐下降。

（2）涓流充电。以小于 0.1C 电流对电池充电，一般在电池接近充满电时，进行补充充电时采用，若电池对充电时间没有严格要求，建议采用涓流充电方式充电。

（3）浮充电。随时对蓄电池用恒压充电使其保持一定的荷电状态，如图 2-20 所示。

项目	铅酸电池	镍镉电池	镍氢电池	锂电池
充电方式	恒流后恒压	恒流	恒流	恒流后恒压
控制方法	电压2.3 V、涓流		恒温或 ΔV锂	电压4.2 V、涓流

图 2-20 浮充电

9. 荷电状态和放电深度

（1）荷电状态。蓄电池放电后剩余容量与全荷电容量的百分比。

（2）放电深度。表示蓄电池放电状态的参数，等于实际放电容量与额定容量的百分比。

（3）深度放电。表示蓄电 50% 或更大的容量被释放的程度。

10. 自放电率

电池在储存过程中，容量会逐渐下降，其减少的容量与电池容量的比例，称为自放电率。

产生的原因：由于电极在电解液中的不稳定性，电池的两个电极发生了化学反应，活性物质被消耗，转为电能的化学能减少，电池容量下降。

电池容量衰减（自放电率）的表达方法和单位为%/月。

电池自放电将直接降低电池的容量，自放电率直接影响电池的储存性能，自放电率越低，储存性能越好。

11. 循环寿命

（1）循环寿命。二次电池经历一次充放电称为一个周期或一次循环，电池在反复充放电后，容量会逐渐下降，在一定的放电条件下，电池容量降至 80% 时，电池所经受的循环次数就是循环寿命。

（2）影响因素。不正确使用电池、电池材料、电解质的组成和浓度、充放电倍率、放电深度（DOD%）、温度、制作工艺等。

12.电池的一致性

由多个单体电芯串联、并联在一起组成电池组。电池组的整体性能和寿命取决于其中性能较差的一个电芯,这就要求电池组中每个电芯性能的一致性要高。除了单体电芯本身性能的误差和原材料质量的好坏,影响电池一致性的最主要原因是制造工艺。工艺的改进对提高电池的质量非常重要,如图 2-21 所示。

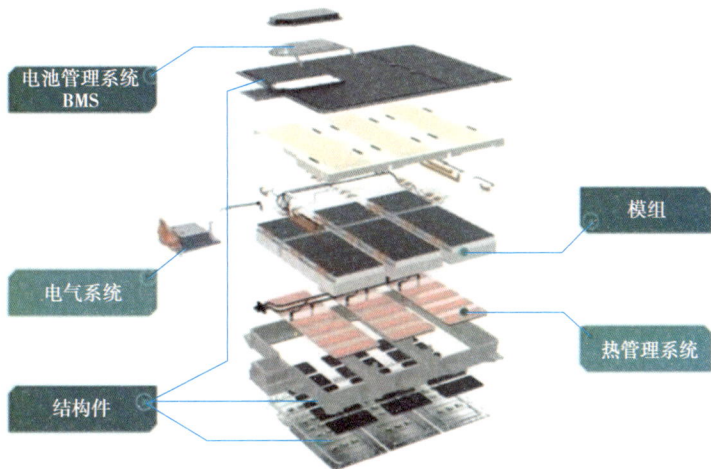

电池管理系统 BMS

电气系统

结构件

模组

热管理系统

图 2-21　电池组

三、任务实施

(一)实施方案

1.组织方式

每 6 名同学一组,按照企业岗位的操作标准,参照厂家维修手册,依据"1+X"证书考核标准,通过实际操作和数据分析,对动力电池的性能指标进行查找,每组作业时间为 40 min。

2.设备器材

(1)场地:理实一体化新能源汽车实训室。

(2)工具及设备:数字万用表、专用工具、防护用具。

(3)台架/车辆:帝豪 EV450。

(4)辅助资料:车辆维修手册等。

(二)操作步骤

(1)检查电池组密封盖是否密封完好,无变形破损。

(2)确认电池组接线盒盖正常,接插件型号及引出线束无损坏。

(3)检查电池组外观无斑点、锈蚀和油污。

（4）确认电池组连接器装配正确，总正、总负有明确标记。

（5）按照标签查找参数，并注明含义。

（6）整理工位和工具，清扫工位，实施"6S"管理。

（三）作业工单

专业		班级	
姓名		学号	
小组成员		组长姓名	
任务名称		对动力电池的性能指标进行查找	
1. 任务阐述			
随着新能源汽车产业的迅猛发展，动力电池作为其核心部件，其性能、安全、寿命等方面的重要性日益凸显。为了深入了解动力电池的构造、工作原理及其在不同环境下的性能表现，提高在新能源汽车领域的专业素养，本任务设计了一项对动力电池的性能指标进行查找的实训任务			
2. 任务步骤			

序号	作业项目	是否完成	作业记录
1	工位安全检查、环境安全检查	是□　否□	
2	检查绝缘工具套装、工量具	是□　否□	
3	确认电池组连接器装配正确，总正、总负有明确标记	是□　否□	
4	按照标签查找参数，并注明含义	是□　否□	
5	规范操作"6S"	是□　否□	
6	恢复工位，清理场地	是□　否□	

四、任务评价

（一）技能评定

序号	考核项目	考核内容	赋分/分	得分/分
1	准备工作	检查工作环境	5	
		检查绝缘工具、防护工具	5	
		检查测量工具	10	

序号	考核项目	考核内容	赋分/分	得分/分
2	电池组接线盒盖正常	插件型号无损坏	15	
		引出线束无损坏	15	
3	按照标签查找参数	并注明电池组的含义	15	
4	作业记录	正确填写工单	5	
5	工位整理	"6S"检查	10	
6	安全生产	遵守安全操作规程	10	
		安全用电,无人身、设备事故	10	

注:操作规范即得分,操作错误或未进行操作得0分。

（二）知识测评

1. 选择题

(1)以下哪项不是动力电池的主要性能指标?（　　）

　　A. 容量　　　　　　　　B. 能量密度　　　　　　C. 尺寸　　　　　　　　D. 循环寿命

(2)动力电池的容量通常以(　　)为单位。

　　A. V　　　　　　　　　B. A　　　　　　　　　C. A·h　　　　　　　　D. W

(3)能量密度越高的动力电池,意味着(　　)。

　　A. 体积越大　　　　　　　　　　　　B. 质量越大

　　C. 相同体积或质量下存储的能量越多　　D. 充电速度越快

(4)影响动力电池充放电效率的因素不包括(　　)。

　　A. 电池内阻　　　　　　B. 温度　　　　　　　C. 电池材料　　　　　D. 电池颜色

(5)动力电池的循环寿命是指(　　)。

　　A. 电池从生产到报废的时间

　　B. 电池充电的次数

　　C. 电池在一定条件下容量衰减到规定值之前所能进行的充放电循环次数

　　D. 电池放电的次数

(6)以下哪种电池的自放电率相对较低?（　　）

　　A. 锂离子电池　　　　B. 镍氢电池　　　　　C. 铅酸电池　　　　D. 以上都不对

2. 填空题

(1)动力电池的功率密度决定了其＿＿＿＿＿＿和＿＿＿＿＿＿能力。

(2)电池在储存过程中自身电量的损失速率称为＿＿＿＿＿＿。

(3)衡量动力电池安全性的方面包括＿＿＿＿＿、＿＿＿＿＿、＿＿＿＿＿等。

(4)目前常见的动力电池类型有＿＿＿＿＿、＿＿＿＿＿、＿＿＿＿＿等。

3.简答题

（1）简述动力电池容量和能量密度的区别，并举例说明其在实际应用中的重要性。

（2）分析影响动力电池循环寿命的主要因素，并提出延长循环寿命的措施。

4.论述题

结合当前新能源汽车的发展趋势，论述动力电池性能指标的提升对其产业发展的重要意义，并展望未来动力电池技术的发展方向。

五、扩展阅读

电芯大型化趋势明确，大圆柱路线前景可期

1.18650→21700→46800，圆柱电池大型化趋势明确

2008年，特斯拉首次使用松下的18650圆柱电池电芯作为车辆的动力电池，并在Roadster上试验之后，开始在Model S上大规模使用。为提高电芯能量密度和降低成本，2017年，特斯拉推出了与松下共同研发的21700圆柱电池，并将该电池应用在Model 3车型上。21700圆柱电池直径为21 mm，长度为70 mm，电池能量较18650圆柱电池提升了50%。此后，特斯拉进一步将圆柱电池向大型化升级，2019年特斯拉申请46800大圆柱专利，并于2020年电池日对46800大圆柱电池进行宣传，46800大圆柱电池采用无极耳、新型硅材料和无钴技术，较21700圆柱电池的性能有较大提升，预计46800大圆柱电池能量将提升5倍、续航里程提升16%、功率提升6倍。

与小圆柱电池相比，大圆柱电池具有高能量密度和低成本优势。圆柱电池从21700尺寸升级到46800尺寸，电芯体积增加了448%，而表面积仅增加180%，这表明随着圆柱电池直径的增大，结构件质量占电池包总质量的比例下降，大圆柱电池的电池能量密度将有所提升，从而降低电池单瓦时生产成本。从21700圆柱电池升级到46800大圆柱电池可以降低14%的单位生产成本。电芯大型化是特斯拉降本增效的重要手段之一，圆柱电池大型化趋势明确。

2.圆柱电池在一致性、安全性、材料应用等方面优势明显

圆柱电池制造工艺较为成熟，生产效率高，产品一致性高。

由于圆柱电池在镍氢电池和消费类电子产品(3C)锂离子电池上得到了长期应用，业界积累了大量的生产设计经验，因此有较为成熟的自动生产线及设备。此外，圆柱电池是以卷绕的方式进行制造的，卷绕工艺可以通过加快转速从而提高电芯生产效率，而叠片工艺的效率提高受限，圆柱电池生产效率较高。在卷绕过程中，为保证电芯组装成的电池具有高一致性，需要对卷绕张力进行控制，张力波动会使卷绕出的电芯产生不均匀的拉伸形变，严重影响产品的一致性。目前国内领先企业圆柱电池张力波动控制在3%以下，大批量生产的圆柱电池产品一致性高。

项目三 新能源汽车动力电池系统维护保养

项目导入

随着全球对环保和可持续发展的重视，新能源汽车逐渐成为汽车市场的一大发展趋势。动力电池作为新能源汽车的核心部件，其性能和使用寿命直接影响车辆的整体性能和运行成本。因此，对新能源汽车动力电池系统进行科学、合理的维护与保养，对延长电池寿命、提高车辆性能、降低运行成本具有重要意义。

学习支持

【知识目标】

1. 能正确识别电池故障灯；
2. 能正确阐述动力电池故障灯的分类；
3. 能掌握动力电池衰减更换标准；
4. 能掌握动力电池的组装方式；
5. 能掌握动力电池均衡修复的原理；
6. 能掌握动力电池均衡修复的作用。

【能力目标】

1. 能正确处理动力电池故障灯；
2. 能正确对动力电池进行更换；
3. 能正确对动力电池进行调试；
4. 能正确对动力电池进行均衡检修；
5. 能正确对实训场地进行"6S"管理。

【素质目标】

1. 增强新能源汽车中游产业可持续发展的社会责任感；
2. 增强新能源汽车维修工、质检员等职业荣誉感；

3.具备安全意识、规范意识、团队意识、工匠精神及创新思维；
4.提升动力电池系统问题的分析、解决及优化能力。

【项目任务】

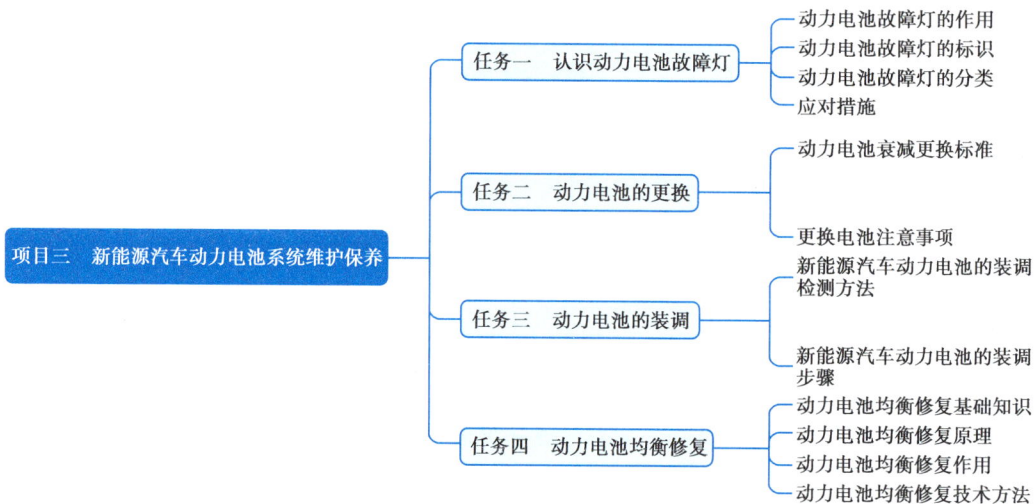

任务一　认识动力电池故障灯

一、任务描述

车主想了解新能源汽车仪表盘上各种指示灯的含义、功能及作用。

二、知识准备

（一）动力电池故障灯的作用

动力电池故障灯是新能源汽车仪表盘上的一种指示灯,用来提示驾驶员动力电池可能存在故障或异常情况。以下是一些关于认识动力电池故障灯的基本信息。

动力电池
故障灯的作用

（二）动力电池故障灯的标识

动力电池故障灯的标识可以按图标和颜色进行辨认。

图标:动力电池故障灯通常用一个带有闪电符号的电池图标表示,有时也会是一个简单的电池形状图标。

动力电池
故障灯的标识

颜色:故障灯亮起时通常是黄色或红色。黄色表示警告或需要注意的问题,红色则通常表示更严重的故障。

（三）动力电池故障灯的分类

1. 电力不足警示灯

如图 3-1 所示,当动力蓄电池电量低于 30% 时,该指示灯亮起,提示动力蓄电池电量不足,不能满足驾驶里程的需求。此时车辆需要及时充电,当动力蓄电池电量高于 35% 时,故障灯熄灭。

图 3-1　电力不足警示灯

2.动力电池内部故障灯

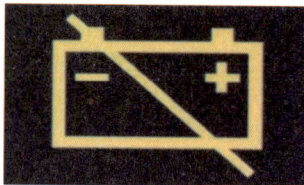

如图 3-2 所示,当该灯亮起时,意味着出现故障的地方是动力电池组。引起该故障的原因是电池包发生碰撞或者电池内部线路出现熔断等问题。当故障灯亮起时,大部分情况下整车高压断开,车辆无法行驶;少部分情况下,车辆可以缓慢行驶,但不能加速。

3.高压断开故障灯

如图 3-3 所示,该故障灯亮起的原因是动力电池组的接触器或者其他地方的接触器出现了故障,从而使高压系统发生严重故障。这时,千万不要再尝试发动汽车。

图 3-2　动力电池内部故障灯　　　图 3-3　高压断开故障灯　　　图 3-4　电池包漏电灯

4.电池包漏电灯

如图 3-4 所示,该故障灯中间有一个闪电符号,意味着电池内部有漏电现象。但是在一些能够显示问题的汽车上并不会出现文字提示,该灯亮起时汽车已经不能动了,说明整车的高压输出电流已经被切断。

(四)应对措施

(1)立即安全停车,避免继续行驶。

(2)查看车辆使用手册,了解故障灯的详细信息。

(3)联系专业的维修人员或售后服务中心,描述故障情况。

(4)在等待救援或维修期间,切勿擅自操作车辆。

三、任务实施

(一)实施方案

1.组织方式

每 6 名同学一组,按照企业岗位的操作标准,参照厂家维修手册,依据"1+X"证书考核标准,规范完成查找汽车电源系统各零部件的安装位置,每组作业时间为 20 min。

2.设备器材

(1)场地:理实一体化教室。

(2)设备:新能源汽车、车内 5 件套、垃圾桶。

(3)安全防护:灭火器、高压防护套装、绝缘工具套装等。

（4）耗材：干净抹布。

（二）操作步骤

（1）检查工作环境的安全性，做好个人安全防护。

（2）安装车内 5 件套。

（3）查阅维修手册，解读故障灯的含义。

（4）对车辆进行通电操作。

（5）识别并记录故障指示灯。

（6）整理工位和工具，清扫工位，实施"6S"管理。

（三）作业工单

专业		班级	
姓名		学号	
小组成员		组长姓名	
任务名称		认识动力电池故障灯	
1. 任务阐述			
针对客户车辆，参照车辆使用说明书和维修手册，按照动力电池系统的技术要求，完成对故障指示灯的识别，确保车辆动力电池的稳定性和安全性，根据要求对故障指示灯进行记录			
2. 任务步骤			

序号	作业项目	是否完成	作业记录
1	工位安全检查、环境安全检查	是□　否□	
2	安装车内 5 件套	是□　否□	
3	查阅维修手册解读故障灯的含义	是□　否□	
4	对车辆进行通电	是□　否□	正常□　不正常□
5	识记故障灯的定义	是□　否□	
6	规范操作"6S"	是□　否□	
7	恢复工位，清理场地	是□　否□	

四、任务评价

（一）技能评定

序号	考核项目	考核内容	赋分/分	得分/分
1	准备工作	检查工作环境	5	
		检查工具	5	
		检查车内5件套	10	
2	查阅维修手册	了解故障灯的定义	15	
		正确识别故障灯	15	
3	通电操作	对车辆进行通电操作	15	
4	作业记录	正确填写工单	5	
5	工位整理	"6S"检查	10	
6	安全生产	遵守安全操作规程	10	
		安全用电,无人身、设备事故	10	

注:操作规范即得分,操作错误或未进行操作得0分。

（二）知识测评

1.选择题

(1)当电动汽车的动力电池故障灯亮起时,以下哪项是正确的做法?（　　）

    A.继续行驶　　　　　B.停车并断电　　　　C.尝试自行检查　　　D.加速行驶

(2)动力电池故障灯亮起通常意味着(　　)。

    A.电量不足　　　　　　　　　　　　　B.电池温度异常

    C.电池充电完成　　　　　　　　　　　D.音响系统故障

(3)以下哪种情况不会导致动力电池故障灯亮起?（　　）

    A.电池内部短路　　B.BMS故障　　　　C.音响系统故障　　　D.电池过热

2.填空题

(1)如果动力电池故障灯亮起,驾驶员应该尽快_____并联系专业维修服务。

(2)为了预防动力电池故障灯亮起,建议定期对电池进行_____和维护,确保电池处于良好状态。

(3)当电动汽车的动力电池故障灯亮起时,这通常意味着电池存在某种_____。

3.简答题

(1)如何判断动力电池故障灯亮起是轻微问题还是严重故障?

(2)动力电池故障灯亮起后,需要进行哪些检查和维护?

任务二　动力电池的更换

一、任务描述

一辆新能源汽车被开进了维修厂,根据车主描述,该车因为动力电池性能下降,已经无法满足车主的日常使用需求。车主希望更换一块新的动力电池,以恢复车辆的正常运行。

二、知识准备

(一)动力电池衰减更换标准

1.电池容量

电池容量的衰减通常被认为是电池性能的主要指标。当电池容量低于初始容量的80%时,可能需要进行更换。这是因为电池容量的衰减会影响车辆的续航里程和充电速度。

2.电池健康状态

电池健康状态可以通过电池的物理状况和性能进行评估。如果电池出现膨胀、变形、泄漏或内部短路等问题,可能会引发安全问题,这时就需要及时更换电池。

3.电池安全

电池的安全性至关重要,因此,车主如果发现电池存在安全隐患,如过热、起火或爆炸等,应立即停止使用并更换电池。

4.电池性能

电池性能包括充电速度、续航里程、启动电流等。如果电池的性能明显下降,如充电速度减慢或续航里程减少,可能需要更换电池。

5.维修成本

如果动力电池的维修成本过高,超过了更换电池的成本,那么更换电池可能更为经济划算。

6.用户体验

用户体验也是一个重要的考虑因素。如果用户觉得车辆行驶里程减少、充电时间增加或车辆性能下降等问题是由电池衰减引起的,那么更换电池可能是改善用户体验的一种方式。

7.政策要求

政策要求是决定是否需要更换电池的重要因素。如果政策要求必须定期更换动力电池以确保公共安全或环保要求,那么必须按照政策要求进行更换。

(二)更换电池注意事项

1.安全操作

在更换动力电池时,确保遵守所有的安全规程,包括佩戴适当的个人防护装备、使用绝缘工具和确保车辆完全断电。

2.正确诊断

在更换电池前,应对电池进行彻底的诊断,以确定电池确实需要更换,而不是其他可以修复的问题。

3.合规更换

确保使用符合车辆制造商规格的电池,并按照正确的更换程序进行操作,以免损坏车辆或影响电池性能。

4.环保处理

旧电池应按照环保法规进行回收和处理,不应随意丢弃,以减少对环境的影响。

三、任务实施

(一)实施方案

动力电池更换

1.组织方式

每 6 名同学一组,按照企业岗位的操作标准,参照厂家维修手册,依据"1+X"证书考核标准,规范地更换动力电池,每组作业时间为 60 min。

2.设备器材

(1)场地:理实一体化教室。

(2)设备:实训工作台、工具车、电池、万用表、垃圾桶等。

(3)安全防护:护目镜、灭火器、高压防护套装、绝缘工具套装等。

(4)耗材:干净抹布。

(二)操作步骤

1.拆卸程序

(1)举升车辆,如图 3-5 所示。

(2)断开直流母线总成(动力电池侧)。

(3)排放动力电池冷却液。

(4)拆卸动力线束盖板总成。

(5)拆卸电池底护板。

(6)将平台车置入车下,使用平台车支撑动力电池总成。

（7）往外拨动动力电池进水管的卡簧①，如图 3-6 所示。

图 3-5　举升车辆

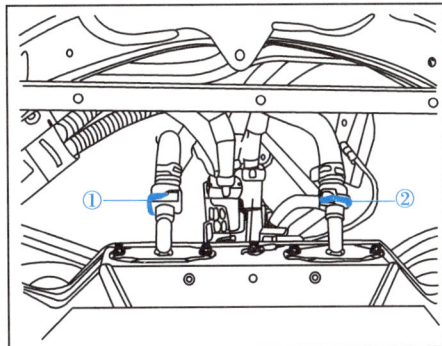

图 3-6　拨动卡簧

（8）往外拨动电池出水管的卡簧②。

（9）拔下动力电池进水管与出水管。

（10）拆卸动力电池搭铁线的固定螺栓①，如图 3-7 所示。

（11）断开前机舱线束连接器②。

（12）断开动力电池高压线束连接器③。

（13）拆卸动力电池包后部安装支架的 3 颗固定螺栓，如图 3-8 箭头所示。

图 3-7　拆卸搭铁线

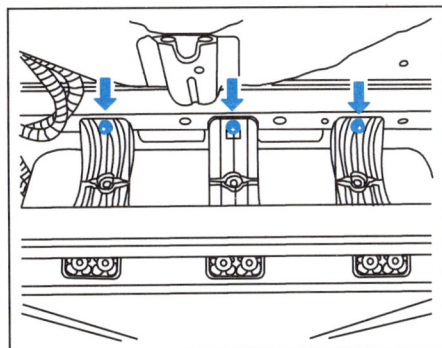

图 3-8　拆卸固定螺栓

（14）拆卸动力电池总成底部的 18 颗固定螺栓，如图 3-9 所示。

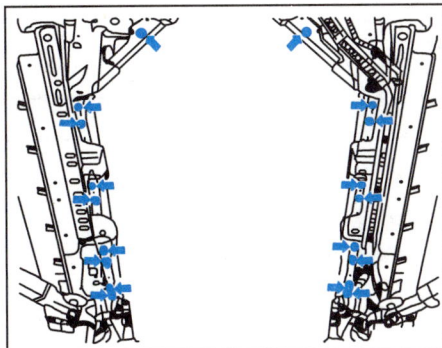

图 3-9　拆卸固定螺栓

（15）缓慢降下平台车取出动力电池总成。

2. 安装程序

（1）将动力电池移至平台车上，缓慢举升平台车，调整平台车位置，使动力电池总成上的安装孔与车身上对应的安装螺母对齐。

（2）安装动力电池总成底部的18颗固定螺栓，力矩为78 N·m，如图3-10所示。

（3）安装动力电池包后部安装支架的3颗固定螺栓，力矩为78 N·m，如图3-11所示。

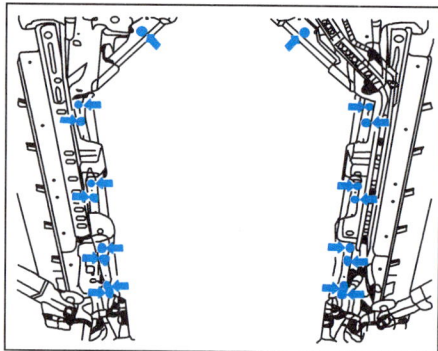

图3-10　安装固定螺栓

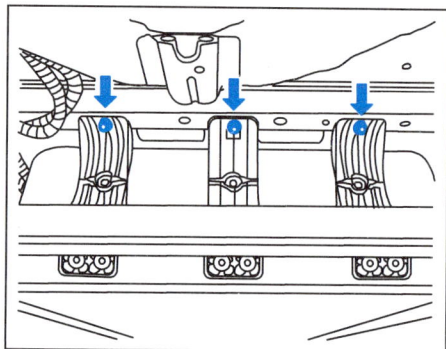

图3-11　安装电池包后部的固定螺栓

（4）连接动力电池的高压线束连接器③。

（5）连接动力电池与前机舱线束的线束连接器②。

（6）安装动力电池搭铁线固定螺栓①，力矩为10 N·m，如图3-12所示。

（7）将电池进水管、电池出水管移至安装位置。

（8）安装电池出水管卡箍②，如图3-13所示。

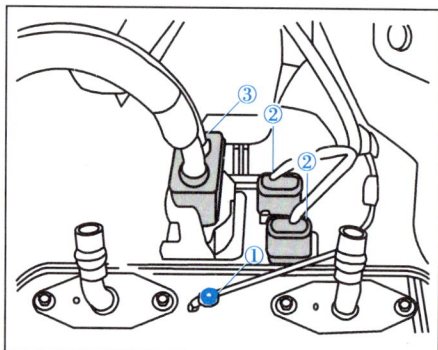

图3-12　安装搭铁线固定螺栓

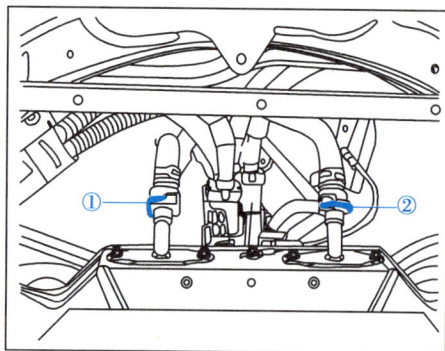

图3-13　安装出水管卡箍

（9）安装动力电池进水管卡箍①。

（10）安装电池底护板。

（11）安装动力线束盖板总成。

（12）加注动力电池冷却液，连接直流母线总成。

（13）降下车辆。

新能源汽车动力电池及充电系统检修

（14）连接蓄电池负极电缆。

（三）作业工单

专业		班级	
姓名		学号	
小组成员		组长姓名	
任务名称		动力电池更换	

1. 任务阐述			
针对客户车辆，参照车辆使用说明书和维修手册，按照动力电池系统的技术要求，完成对动力电池的外观及检测工作，确保车辆动力电池的稳定性和安全性，根据要求对动力电池进行更换			

2. 任务步骤			

序号	作业项目	是否完成	作业记录
1	工位安全检查、环境安全检查	是□ 否□	
2	检查绝缘工具套装及工量具	是□ 否□	
3	检测动力电池的电压、电流、温度，填写工单	是□ 否□	正常□ 不正常□
4	记录动力电池铭牌信息	是□ 否□	
5	根据要求对动力电池进行更换	是□ 否□	
6	对更换后的动力电池进行性能测试	是□ 否□	正常□ 不正常□
7	规范操作"6S"	是□ 否□	
8	恢复工位，清理场地	是□ 否□	

四、任务评价

（一）技能评定

序号	考核项目	考核内容	赋分/分	得分/分
1	准备工作	检查工作环境	5	
		检查绝缘工具、防护工具	5	
		检查测量工具	10	

续表

序号	考核项目	考核内容	赋分/分	得分/分
2	检查电池	检查动力电池外观	15	
		检查动力电池的电压、电流、温度	15	
3	更换电池	断开电池连接器和固定装置 移除旧电池并安装新电池 连接电池连接器并固定电池	15	
4	电池测试	对更换后的电池进行性能测试	10	
5	作业记录	正确填写工单	5	
6	工位整理	"6S"检查	10	
7	安全生产	遵守安全操作规程	10	
		安全用电,无人身、设备事故	10	

注:操作规范即得分,操作错误或未进行操作得0分。

(二)知识测评

1.选择题

(1)动力电池的主要组成部分不包括(　　)。

　　A.电池单体　　　　　　B.电池包　　　　　　C.电池管理系统　　　D.集成电路

(2)动力电池更换时,以下哪种个人防护装备是必需的?(　　)

　　A.绝缘手套　　　　　　B.护目镜　　　　　　C.安全头盔　　　　　D.以上都是

(3)动力电池更换完成后,以下哪项测试是必要的?(　　)

　　A.电池外观检查　　　　　　　　　　　　　B.电池电压和电流测试

　　C.音响系统测试　　　　　　　　　　　　　D.车辆油漆检查

2.填空题

(1)在更换动力电池前,需要确保车辆处于_____状态,并_____所有电源。

(2)常见的电池类型有_____电池、_____电池和_____电池。

(3)更换动力电池后,需要进行_____检查,以确保电池状态良好。

3.简答题

(1)更换完动力电池后还需要做哪些措施?

(2)动力电池有哪些组装方式?

任务三　动力电池的装调

一、任务描述

汽车维修工小李,在某次新能源汽车培训过程中,听到讲师讲解"为了避免电池组单体电池的不一致性,需要依次对单体电池进行检测装调"。如何对单体电池进行检测装调,他百思不得其解,借着这个机会,小李需要查询资料,将某车动力电池进行拆解,取出电池单体,逐一对电池单体的一致性进行检测。

二、知识准备

（一）新能源汽车动力电池的装调检测方法

蓄电池电压、电流、温度是蓄电池重要的运行参数,但是这些参数不能反映蓄电池的内部状态。

1.单体电池内阻检测是目前最有效的指标

内阻作为目前国际公认的对蓄电池最有效的、测量最便捷的性能参数,能够反映蓄电池的劣化程度、容量状态等性能指标,而这些性能指标是电压、电流、温度等运行参数所无法反映的。

蓄电池的 4 种主要失效模式(如失水、负极板硫化、正极板腐蚀和热失控),将导致内阻升高,使蓄电池的容量下降。如果蓄电池的内阻超过正常值的 25%,该蓄电池的容量已降低到其标称容量的 80% 左右,或者蓄电池内阻超过正常值的 50%,该蓄电池容量已降低到其标称容量的 80% 以下,需及时更换。

2.动力电池模组劣化单体电池更换的意义

由于单体电池的性能状态直接影响动力电池组的性能状态。同时,动力电池组中的落后电池会加快与其串联的其他单体电池的劣化速度。因此,对单体电池的监测是保障动力电池组的容量状态和使用寿命的必要条件。

对动力电池组中的单体电池进行内阻测试,能够准确地掌握电池组中的每个单体电池的性能状态,对于保证动力电池组的稳定充电、放电和延长其使用寿命具有重要意义。

（二）新能源汽车动力电池的装调步骤

若某个动力电池模组的电压不正常,需要将这个模组从动力电池总成取出来进行检测。检测区域分为"电池待检放置区""不合格电池放置区""合格电池放置区""配件放置区"4 个区域,如图 3-14 所示。

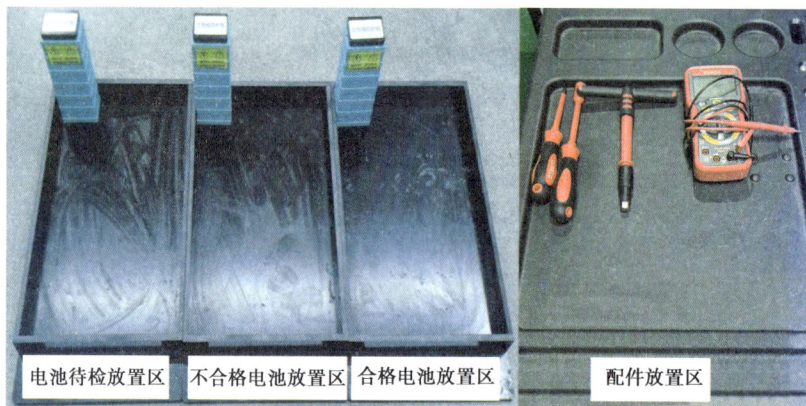

| 电池待检放置区 | 不合格电池放置区 | 合格电池放置区 | 配件放置区 |

图 3-14　检测区域

（1）利用绝缘电阻表检测动力电池的正、负极柱对壳体的绝缘性。

（2）对低压电池模组的各个单体电压进行初测，具体检测方法如图 3-15 所示，此刻单体电池电压的初测数据为 3.2 V，正常。

（3）正确连接内电阻测试仪，其背面连接端子，如图 3-16 所示。

图 3-15　检测单体电压

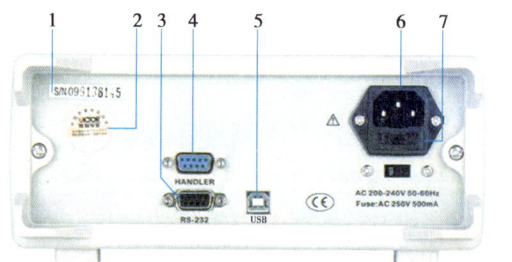

1：出厂编码　　　4：HANDLER接口　　6：电源接口
2：防伪标签　　　5：USB接口　　　　7：保险丝盒
3：RS-232接口

图 3-16　内电阻测试仪

首先对动力电池模组的单体电池电压进行初测，然后利用内电阻测试仪检测每个单体电池的内阻。此刻检测出某单体电池内阻为 188 Ω（内阻偏大，不正常，需要更换，放置在"不合格电池放置区"），如图 3-17 所示。

图 3-17　单体电池内阻检测1

（4）检测另一个单体电池的内阻数据，此刻检测数据：单体电池内阻为 0.572 mΩ（单体电池电压检测正常，放置在"合格电池放置区"），如图 3-18 所示。

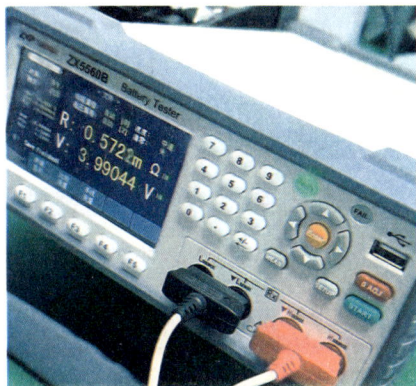

图 3-18　单体电池内阻检测 2

按照同样的方法，依次对动力电池模组的各个单体电池电压进行检测，然后在工单内填写"单体电池的电压及内阻检测"相关数据。

三、任务方案

（一）实施方案

动力电池的装调

1. 组织方式

每 6 名同学一组，按照企业岗位的操作标准，参照厂家维修手册，依据"1+X"证书考核标准，规范地完成动力电池绝缘电阻的测量，每组作业时间为 40 min。

2. 设备器材

（1）场地：理实一体化教室。

（2）设备：实训工作台、工具车、动力电池包、绝缘检测仪、万用表等。

（3）安全防护：灭火器、高压防护套装、绝缘工具套装等。

（4）耗材：无尘布。

（二）操作步骤

（1）检查工作环境的安全性，做好个人安全防护。

（2）检查绝缘工具套装，检测工具是否正常。

（3）检测动力电池的正、负极柱对壳体的绝缘性。

（4）对低压电池模组各个单体电池电压进行初测，正常应为 3.3 V。

（5）连接内电阻测试仪，检测每个单体电池的内阻和电压精确数据。

（6）检测另一个单体电池的内阻和电压精确数据。

（7）根据工单要求恢复动力电池包工位。

（8）整理工位和工具，清扫工位，实施"6S"管理。

（三）作业工单

专业		班级	
姓名		学号	
小组成员		组长姓名	
任务名称		动力电池的装调	

<table>
<tr><td colspan="4" align="center">1. 任务阐述</td></tr>
<tr><td colspan="4">　　针对客户车辆，参照车辆使用说明书和维修手册，按照动力电池系统的技术要求，完成对动力电池的外观及性能检测工作，确保车辆动力电池的稳定性和安全性，根据要求对动力电池进行装调检测</td></tr>
</table>

<table>
<tr><td colspan="4" align="center">2. 任务步骤</td></tr>
<tr><td>序号</td><td>作业项目</td><td>是否完成</td><td>作业记录</td></tr>
<tr><td>1</td><td>工位安全检查、环境安全检查</td><td>是□　否□</td><td></td></tr>
<tr><td>2</td><td>检查绝缘工量套装和工量具</td><td>是□　否□</td><td></td></tr>
<tr><td>3</td><td>依次对动力电池模组的各个单体电池电压进行检测，填写工单</td><td>是□　否□</td><td>
1 号单体电池：_____ V
结果：□合格　　□不合格
2 号单体电池：_____ V
结果：□合格　　□不合格
3 号单体电池：_____ V
结果：□合格　　□不合格
4 号单体电池：_____ V
结果：□合格　　□不合格
5 号单体电池：_____ V
结果：□合格　　□不合格
6 号单体电池：_____ V
结果：□合格　　□不合格
7 号单体电池：_____ V
结果：□合格　　□不合格</td></tr>
<tr><td>4</td><td>依次对动力电池模组的各个单体电池内阻进行检测，填写工单</td><td>是□　否□</td><td>
1 号单体电池：_____ Ω（内阻）
结果：□合格　　□不合格
2 号单体电池：_____ Ω（内阻）
结果：□合格　　□不合格
3 号单体电池：_____ Ω（内阻）
结果：□合格　　□不合格
4 号单体电池：_____ Ω（内阻）
结果：□合格　　□不合格
5 号单体电池：_____ Ω（内阻）
结果：□合格　　□不合格
6 号单体电池：_____ Ω（内阻）
结果：□合格　　□不合格
7 号单体电池：_____ Ω（内阻）
结果：□合格　　□不合格</td></tr>
</table>

序号	作业项目	是否完成	作业记录
5	规范操作"6S"	是☐ 否☐	
6	恢复工位，清理场地	是☐ 否☐	

四、任务评价

（一）技能评定

序号	考核项目	考核内容	赋分/分	得分/分
1	准备工作	检查工作环境	5	
		检查绝缘工具、防护工具	10	
		检查测量工具	10	
2	对动力电池模组的各个单体电池电压、内阻进行检测	检查各单体电池电压	40	
3	作业记录	正确填写工单	5	
4	工位整理	"6S"检查	10	
5	安全生产	遵守安全操作规程	10	
		安全用电，无人身、设备事故	10	

注：操作规范即得分，操作错误或未进行操作得0分。

（二）知识测评

1. 填空题

（1）蓄电池运行的重要参数有_____、_____、_____。

（2）_____作为目前国际公认的、对蓄电池最有效的、测量最便捷的性能参数，能够反映蓄电池的_____、_____等性能指标。

（3）蓄电池的_____、_____、_____、_____ 4 种主要失效模式，将导致蓄电池的内阻升高，容量下降。

（4）如果蓄电池的内阻超过正常值的_____，该蓄电池容量已降低到其标称容量的80%左右，或者蓄电池内阻超过正常值的_____，该蓄电池容量已降低到其标称容量的80%以下，需及时更换。

（5）对单体电池的监测是保障动力电池组的_____和_____的必要条件。

2. 简答题

（1）简述动力电池模组劣化单体电池更换的意义。

（2）简述新能源汽车动力电池的装调步骤。

任务四　动力电池均衡修复

一、任务描述

　　试装车在进行道路测试时,仪表显示"EV 功能受限",无法行驶。通过诊断仪查询到电池模组压差过大,你作为一名电池测试助理工程师应怎样处理此类故障?

二、知识准备

（一）动力电池均衡修复基础知识

　　动力电池均衡修复是针对电池组内单体电池间由制造工艺、使用条件等因素导致的性能差异进行修复的技术。在进行均衡修复前,需要了解电池的基本特性、工作原理、充放电特性以及电池管理系统的功能和工作模式。

　　动力电池均衡修复的主要目的在于减少电池组内部单体电池的性能差异,提高电池组的整体性和安全性。通过均衡修复,可以有效延长电池组的使用寿命,降低电动汽车的维护成本,提升用户的使用体验。

（二）动力电池均衡修复原理

　　动力电池均衡修复原理主要是通过对电池组内单体电池进行充放电控制,使电池组内部各单体电池的电压、容量等参数趋于一致。在充电过程中,对电压偏高的单体电池进行放电,对电压偏低的单体电池进行充电,以实现电池组内部各单体电池的均衡。在放电过程中,则通过控制放电电流,使电池组内部各单体电池的放电深度趋于一致。

动力电池均衡修复原理

（三）动力电池均衡修复作用

　　(1)提高电池组的整体性能:通过均衡修复,可以减小电池组内各单体电池的性能差异,使电池组的整体性能得到提升。

　　(2)延长电池使用寿命:均衡修复可以有效减少电池组内单体电池的过充电、过放电等现象,降低电池损坏的风险,延长电池的使用寿命。

　　(3)提高安全性:均衡修复可以确保电池组内部各单体电池在充放电过程中的电压、电流等参数处于安全范围内,提高电池组的安全性。

（四）动力电池均衡修复方法

1. 故障诊断

性能检测:首先使用专业设备对动力电池组进行性能检测,包括单体电

动力电池均衡修复

池的电压、内阻、容量等参数,确定电池组的状态和性能差异。

故障识别:通过检测数据,识别出电池组内性能异常的单体电池,分析可能的原因,如制造工艺缺陷、使用不当、老化等。

2.修复方法

被动均衡修复:通过电阻放电的方式,使电压偏高的单体电池放电至与其他电池电压相近的水平。该方法简单易行,但能量利用率较低。

主动均衡修复:采用能量转移的方式,将电压偏高的电池中的能量转移到电压偏低的电池中,实现电池组内部各单体电池的均衡。该方法能量利用率高,但需要较复杂的控制策略和电路结构。

三、任务实施

（一）实施方案

1.组织方式

每6名同学一组,按照企业岗位的操作标准,参照厂家维修手册,依据"1+X"证书考核标准,规范地完成动力电池均衡修复,每组作业时间为 40 min。

2.设备器材

（1）场地:理实一体化教室。

（2）设备:实训工作台、工具车、动力电池包、绝缘检测仪、万用表等。

（3）安全防护:灭火器、高压防护套装、绝缘工具套装等。

（4）耗材:无尘布。

（二）操作步骤

（1）围绕动力电池总成四周检查外观。

（2）拆卸动力电池包上盖。

（3）拆卸电池模组。

根据数据流提供的过低单体电池的信息,找到电池包中的故障电池模组,选用一体化工具车里合适的棘轮、接杆等工具,拆卸故障电池模组。

（4）电池模组均衡。

①查看电池组连接方式,找到当前电池组总负端,找到当前电池组总输出端,总负端为黑色夹具,一节电池用一个夹具连接(本设备最低均衡为 4 节电池),依次连接当前电池组。找到电池的负极和正极,并记录好相应位置,如图3-19 所示。

②连接好相应的电池组,单击设备启动开关。

③单击界面图标-极空 BMS 字样图标,单击扫描。

④单击参数设置,设置当前需要的均衡电池节数和电压差,如图3-20 所示。

⑤单击上方均衡开关,界面显示均衡开始,有当前均衡电流,平均单体。

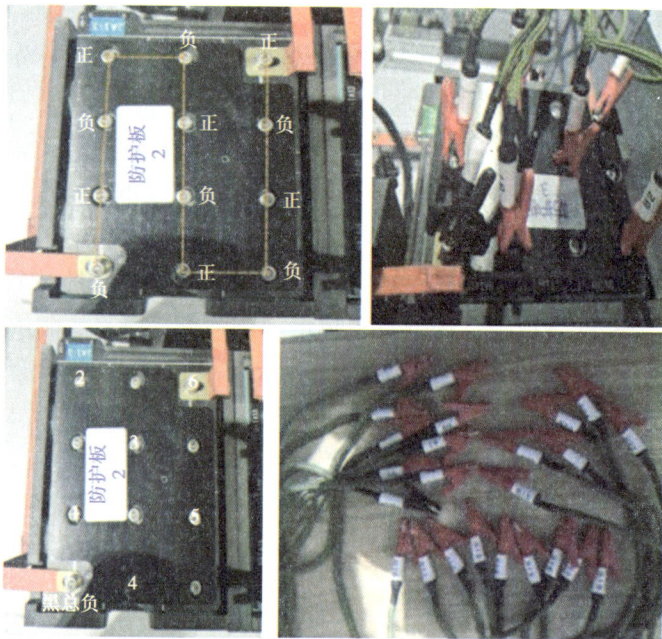

图 3-19　找到电池的负极和正极并记录

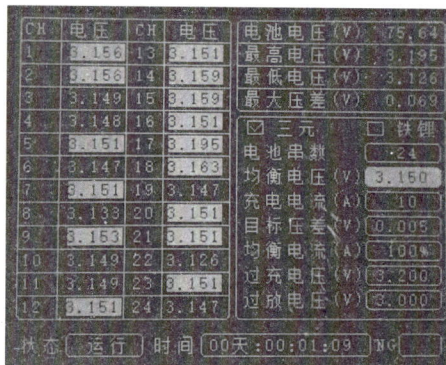

图 3-20　设置均衡电池节数与电压差

（三）作业工单

专业		班级	
姓名		学号	
小组成员		组长姓名	
任务名称		动力电池均衡修复	
1. 任务阐述			

　　针对客户车辆，参照车辆使用说明书和维修手册，按照动力电池系统的技术要求，完成对动力电池的外观及性能检测工作，确保车辆动力电池的稳定性和安全性，根据要求对动力电池进行均衡修复

续表

	2.任务步骤		
序号	作业项目	是否完成	作业记录
1	工位安全检查、环境安全检查	是□　否□	
2	检查绝缘工具套装和工量具	是□　否□	
3	对动力电池模组进行均衡修复	是□　否□	
4	设置参数、均衡电池节数与电压差	是□　否□	
5	规范操作"6S"	是□　否□	
6	恢复工位，清理场地	是□　否□	

四、任务评价

（一）技能评定

序号	考核项目	考核内容	赋分/分	得分/分
1	准备工作	检查工作环境	5	
		检查绝缘工具、防护工具	10	
		检查测量工具	10	
2	动力电池均衡修复	使用均衡仪修复动力电池	40	
3	作业记录	正确填写工单	5	
4	工位整理	"6S"检查	10	
5	安全生产	遵守安全操作规程	10	
		安全用电，无人身、设备事故	10	

注:操作规范即得分,操作错误或未进行操作得0分。

（二）知识测评

1.填空题

（1）动力电池均衡修复是针对电池组内单体电池间由_____和_____等因素导致的性能差异进行修复的技术。

（2）在动力电池进行均衡修复前,需要了解电池的_____和_____、充放电特性以及电池管理系统。

（3）动力电池均衡修复的主要目的在于_____、_____。降低电动汽车的维护成本,提升用户的使用体验。

（4）动力电池均衡修复的原理主要是_____,使电池组内部各单体电池的电压、容量等参数趋于一致。

（5）在充电过程中,对电压偏高的单体电池进行_____,对电压偏低的单体电池进行_____,以实现电池组内部各单体电池的均衡。

2.简答题

（1）简述动力电池均衡修复的作用。

（2）简述动力电池均衡修复的技术方法。

（3）简述动力电池均衡修复的操作步骤。

五、扩展阅读

新能源汽车电池使用寿命

新能源汽车电池使用寿命的关键因素主要包括以下几点。

（1）电池类型与制造质量:不同类型的新能源汽车电池(如锂离子电池中的锰酸锂、钴酸锂、磷酸铁锂等)具有不同的寿命特性。同时,电池的制造质量对其寿命有着重要影响。高质量的电池通常更耐用,具有更长的寿命。

（2）充放电管理:电池的寿命受到充电管理和放电管理的影响。过于频繁的深度充放电循环会缩短电池寿命。车辆的电池管理系统会监控并优化充电和放电过程,以延长电池寿命。

（3）温度条件:温度是影响电池寿命的关键因素之一。高温会使电池内部化学反应加速,从而加速电池老化,降低寿命;而低温会降低电池的性能,增加电池内阻,同样对电池寿命不利。

（4）充电方式:不同的充电方式(如直流快速充电和慢充)对电池组的损耗也不同。直流快速充电虽然便捷,但对电池的损耗相对较大。

（5）保养与维护:定期保养和维护车辆电池也是延长电池寿命的重要手段,包括保持电池清洁、检查充电插口、避免深度放电等。

综上所述,新能源汽车电池使用寿命受多种因素共同影响,合理控制这些因素可以有效延长电池的使用寿命。

项目四 新能源汽车动力电池系统检测

项目导入

新能源汽车作为未来交通领域的重要发展方向，其核心动力源就是动力电池，它主要为新能源汽车提供动力，也是新能源汽车区别于传统燃油汽车的标志性部件，作为电动车辆至关重要的系统，还关乎到续航里程和行车的安全性。新能源汽车动力电池系统检测是评估动力电池电气安全性的关键指标之一。因此，导入新能源汽车动力电池系统检测项目具有重要意义。

在本项目中，主要对动力电池绝缘电阻的检测、动力电池管理系统 CAN 网络故障的检测进行学习。

学习支持

【知识目标】

1. 能阐述动力电池绝缘电阻的定义；
2. 能总结动力电池绝缘电阻的作用；
3. 能厘清动力电池管理系统 CAN 网络的控制逻辑；
4. 能阐述动力电池管理系统 CAN 网络的故障诊断思路及方法。

【能力目标】

1. 能正确检查动力电池绝缘电阻；
2. 能正确对动力电池管理系统 CAN 网络故障进行检测；
3. 能正确清洁、整理工具，对工位进行"6S"操作。

【素质目标】

1. 增强新能源汽车中游产业可持续发展的社会责任感；
2. 增强新能源汽车维修工、质检员等职业的荣誉感；
3. 具备安全意识、规范意识、团队意识、工匠精神及创新思维的能力；

4.提升动力电池系统问题的分析、解决及优化能力。

【项目任务】

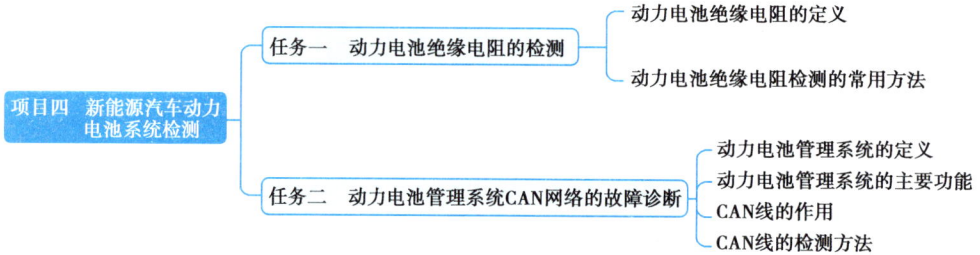

任务一　动力电池绝缘电阻的检测

一、任务描述

一辆新能源汽车被拖进了维修厂,据车主反映,车辆在雨天行驶时突然停车,无法上电,经过初步判断,怀疑是动力电池出现了故障。根据电池系统的结构,确定关键的检测点,并对整个动力电池进行检测和分析。

二、知识准备

(一)动力电池绝缘电阻的定义

动力电池绝缘电阻是指动力电池正负极母线分别对地(汽车车架)的电阻值,它是判断电气系统绝缘性能好坏的重要标准。图4-1所示为新能源汽车动力电池及线束。

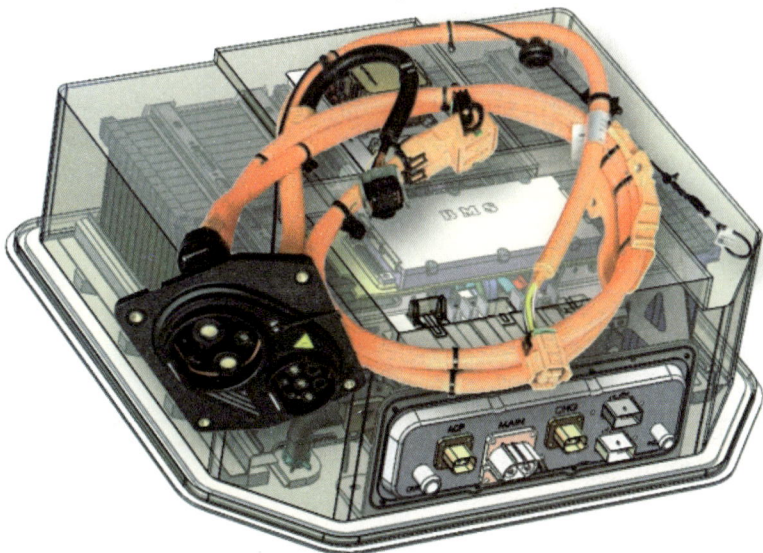

图 4-1　新能源汽车动力电池及线束

在相关标准中,对绝缘电阻阻值有一定的要求。例如,在标准《电流对人类和牲畜的影响 第1部分:一般特指》(IEC/TS 60479-1—2005)中提到,AC 2 mA ~ DC-10 mA 是对人体无害的。经过单位换算后,直流电路绝缘电阻最小值要大于 100 Ω/V,交流电路绝缘电阻最小值要大于 500 Ω/V[《电动汽车安全要求》(GB 18384—2020)]。

（二）动力电池绝缘电阻检测的常用方法

车辆准备:确保车辆处于静止状态,关闭电源,断开高压连接器。

检测点确定:根据电池系统的结构,确定关键的检测点,如电池组正负极、高压母线等。

检测操作:按照所选设备的操作手册进行测量,记录测量数据。

数据分析与判断:将测量结果与标准值进行比较,判断绝缘电阻是否合格。在实际检测绝缘电阻时,需注意以下几点。

(1)检测所有高压部件的绝缘电阻时,应在断开动力电池维修开关和低压蓄电池负极线的前提下进行(如正在充电还需断开充电插头)。

(2)断开各高压部件的高压连接线,用合适电压的兆欧表测试各高压部件高压输入输出接口中高压正负极端子对车身地的绝缘电阻。

(3)对于检测不合格的绝缘电阻,必须进行更换。

(4)动力电池装车前应检测其绝缘电阻,同时用万用表量取高压插件正、负极柱之间的电压及分别对壳体的电压,电压数值应为0 V。要求在动力蓄电池的整个寿命期内,根据标准计算方法得到的绝缘电阻值除以动力蓄电池的标称电压 U,所得值应大于500 Ω/V。

(5)对高压线束进行检查时,要确保线束连接正确,各接头处紧固无松动;高压线束屏蔽层应与车体可靠连接,防护套捆扎牢固;同时高压线束安装要和油路、高温的制动管路分开。为避免电磁干扰,高压线束和低压控制线束应尽量分开固定(距离大于100 mm),如果无法避免,则应交叉固定,不要平行固定。

三、任务实施

（一）实施方案

1.组织方式

每6名同学一组,按照企业岗位的操作标准,参照厂家维修手册,依据"1+X"证书考核标准,规范地完成动力电池绝缘电阻的测量,每组作业时间为40 min。

2.设备器材

(1)场地:理实一体化教室。

(2)设备:实训工作台、工具车、动力电池包、绝缘检测仪、万用表等。

(3)安全防护:灭火器、高压防护套装、绝缘工具套装等。

(4)耗材:无尘布。

（二）操作步骤

(1)检查工作环境的安全性,做好个人安全防护。

(2)检查绝缘工具套装和工量具是否正常。

动力电池绝缘
电阻的测量

（3）拆下蓄电池负极。

（4）向后拉开直流母线插头，断开直流母线，如图4-2所示。

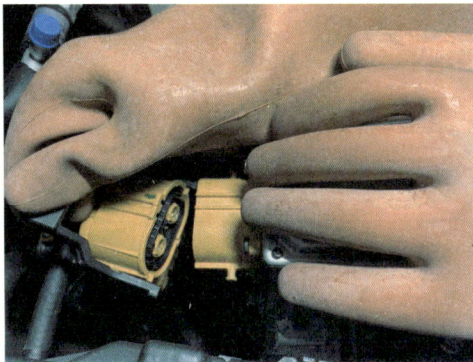

图4-2　拉开直流母线插头

（5）使用万用表检测直流母线端子，检测电压为5 V，如果高于5 V电压，等待电压降低。当电压低于5 V时，再进行其他检测作业，如图4-3所示。

图4-3　检测直流母线端子电压

（6）连接兆欧表负极到搭铁点，动力电池输出端端子1接正极表笔，按下测量点，显示大于25 MΩ，证明绝缘正常；端子2接正极表笔，显示大于25 MΩ，证明绝缘正常，如图4-4所示。

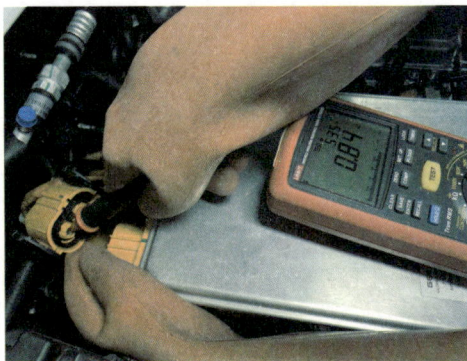

图4-4　检测是否绝缘

（7）检测直流电输入端口,通过测量动力电池 4 个端子,只要搭铁绝缘能够达到兆欧以上,说明新能源电池组绝缘良好。

（8）根据工单要求恢复动力电池包工位。

（9）整理工位和工具,清扫工位,实施"6S"管理。

（三）作业工单

专业		班级	
姓名		学号	
小组成员		组长姓名	
任务名称		动力电池绝缘电阻的检测	
1. 任务阐述			
针对客户车辆,参照车辆使用说明书和维修手册,按照动力电池系统的技术要求,完成对动力电池的外观及性能检测工作,确保车辆动力电池的稳定性和安全性,根据要求对动力电池的绝缘值进行检测			
2. 任务步骤			
序号	作业项目	是否完成	作业记录
1	工位安全检查、环境安全检查	是□　否□	
2	检查绝缘工具套装和工量具	是□　否□	
3	检测输出端端子电阻值,填写工单	是□　否□	测量值:_____
4	检测输入端端子电阻值,填写工单	是□　否□	测量值:_____
5	根据要求对动力电池进行组装	是□　否□	
6	规范操作"6S"	是□　否□	
7	恢复工位,清理场地	是□　否□	

四、任务评价

（一）技能评定

序号	考核项目	考核内容	赋分/分	得分/分
1	准备工作	检查工作环境	5	
		检查绝缘工具、防护工具	10	
		检查测量工具	10	

序号	考核项目	考核内容	赋分/分	得分/分
2	检查绝缘电阻	检查输出端绝缘阻值	20	
		检查输入端绝缘阻值	20	
3	作业记录	正确填写工单	5	
4	工位整理	"6S"检查	10	
5	安全生产	遵守安全操作规程	10	
		安全用电,无人身、设备事故	10	

注:操作规范即得分,操作错误或未进行操作得0分。

(二)知识测评

1.选择题

(1)动力电池的绝缘电阻是通过测量电池的绝缘电阻值来评估电池的( )。

A.荷电状态　　　　B.放电深度　　　　C.绝缘性能　　　　D.使用寿命

(2)以下哪种工具通常作为测量动力电池绝缘电阻的工具?( )

A.万用表　　　　B.诊断仪　　　　C.兆欧表　　　　D.试灯

2.简答题

(1)简述动力电池绝缘电阻的概念。

(2)简述动力电池绝缘电阻异常的影响。

任务二　动力电池管理系统 CAN 网络的故障诊断

一、任务描述

车主出差两个月回家后,打算将自己停放在地下车库的爱车开出来近期进行代步,打开启动开关发现无法上电且仪表提示动力电池故障,车主给授权的服务中心致电后,维修技师到场通过故障诊断仪诊断发现电池管理系统无法通信,当打开机舱盖时发现有很多老鼠脚印。经过初步判断,怀疑是线束断裂,或电池管理模块短路损坏,于是安排拖车将车辆送至服务站进行检修。

二、知识准备

(一)动力电池管理系统的定义

电池管理系统是通过检测动力电池组中各单体电池的状态来确定整个电池系统的状态,并根据其状态对动力电池系统进行对应的控制调整和策略实施,实现对动力电池系统及各单体的充放电管理以保证动力电池系统安全稳定的运行。

典型电池管理系统拓扑图结构主要分为主控模块和从控模块。具体来说,由中央处理单元(主控模块)、数据采集模块、数据检测模块、显示单元模块、控制部件(熔断装置、继电器)等构成。一般通过采用内部 CAN 总线技术实现模块之间的数据信息通信。

(二)动力电池管理系统的主要功能

动力电池管理系统的主要功能

1. 准确估测动力电池组的荷电状态

准确估测动力电池组的荷电状态(State of Charge,SOC),即电池剩余电量,保证 SOC 维持在合理的范围内,防止由于过度充电或过度放电对电池的损伤,从而随时预报混合动力汽车储能电池还剩余多少能量或者储能电池的荷电状态。

2. 动态监测动力电池组的工作状态

在电池充放电过程中,实时采集电动汽车动力电池组中的每块电池的端电压、温度、充放电电流及电池包总电压,防止电池发生过度充电或过度放电现象。同时能够及时给出电池状况,筛选出有问题的电池,保持整组电池运行的可靠性和高效性,使剩余电量估计模型的实现成为可能。除此之外,还要建立每块电池的历史使用档案,为进一步优化和开发新型电器、充电器、电动机等提供资料,并为离线分析系统故障提供依据。

3. 保证单体电池间、电池组间的均衡

保证单体电池间、电池组间的均衡,即在单体电池、电池组间进行均衡,使电池组中

各个电池都达到均衡一致的状态。电池均衡一般分为主动均衡和被动均衡。目前已投入市场的电池管理系统,大多采用的是被动均衡。均衡技术是世界上正在致力研究与开发的一项电池能量管理系统的关键技术。

(三)CAN 线的作用

CAN 线的高性能和可靠性被广泛应用于工业自动化、船舶、医疗设备、工业设备等方面。现场总线是当今自动化领域技术发展的热点之一,被誉为自动化领域的计算机局域网。它的出现为分布式控制系统实现各节点之间实时、可靠的数据通信并能按照某一通信协议通过网络进行通信设备的合集提供了强有力的技术支持。

(四)CAN 线的检测方法

车辆准备:确保车辆处于静止状态。

检测点确定:根据电池系统的结构,确定关键的检测点,如电池管理系统插接器的 CAN 线电压、终端电阻以及相关的连接高压部件等。

检测操作:按照所选设备的操作手册进行测量,记录测量数据。

数据分析与判断:将测量结果与标准值进行比较,判断 CAN 网络的电压终端电阻是否合格。在实际检测 CAN 线时,需注意以下几点。

(1)检测终端电阻时应先断开车辆蓄电池,等待 5 min 直到系统中所有的电容放完电再进行测量。

(2)测量 CAN 线时应分开测量 CAN-L 和 CAN-H 的对地电压。

(3)测量电压和电阻后还需对其波形进行测量分析。

三、任务实施

(一)实施方案

1.组织方式

每 6 名同学一组,按照企业岗位的操作标准,参照厂家维修手册,依据"1+X"证书考核标准,规范地完成 CAN 线的检测,每组作业时间为 40 min。

2.设备器材

(1)场地:理实一体化教室。

(2)设备:实训工作台、工具车、动力电池包、绝缘检测仪、万用表等。

(3)安全防护:灭火器、高压防护套装、绝缘工具套装等。

(4)耗材:无尘布。

(二)操作步骤

(1)检查工作环境的安全性,做好个人安全防护。

(2)检查绝缘工具套装和工量具是否正常。

动力电池管理系统CAN网络的故障诊断

（3）打开电源开关"ON"上电。

（4）检查蓄电池电压是否正常。

（5）使用万用表检测，检测整车 CAN 线电压为 5 V。

（6）使用万用表分别测量整车 CAN-H 电压应大于 2.5 V，测量整车 CAN-L 电压应小于 2.5 V，如图 4-5 所示。

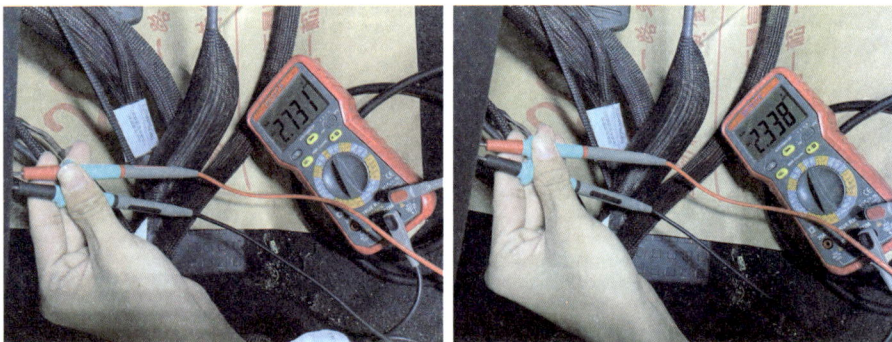

图 4-5　测量整车 CAN-H 和 CAN-L 电压

（7）使用万用表检测，检测快充 CAN 线电压为 5 V。

（8）使用万用表分别测量快充 CAN-H 电压应大于 2.5 V，测量快充 CAN-L 电压应小于 2.5 V，如图 4-6 所示。

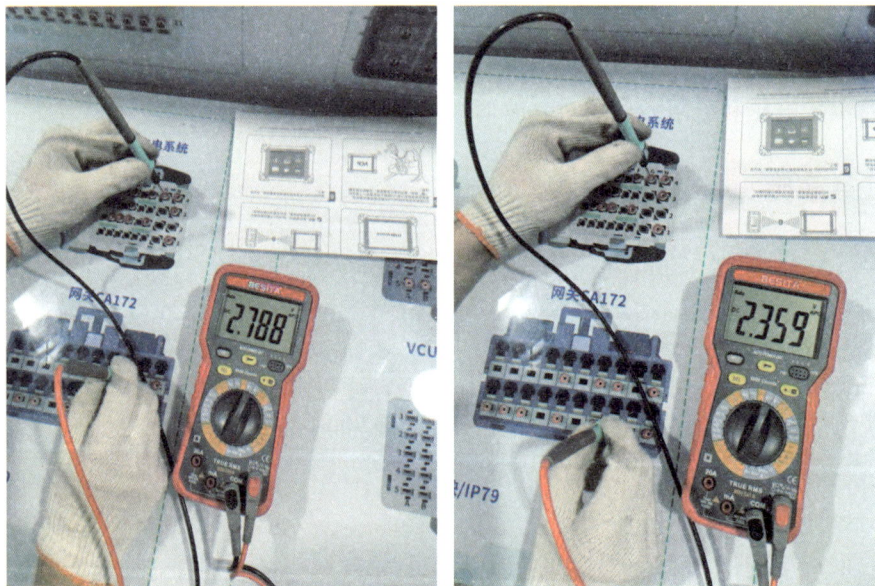

图 4-6　测量快充 CAN-H 和 CAN-L 电压

（9）断开蓄电池负极。

（10）利用万用表测量相关模块 CAN-H 和 CAN-L 电阻为 60 Ω，如图 4-7 所示。

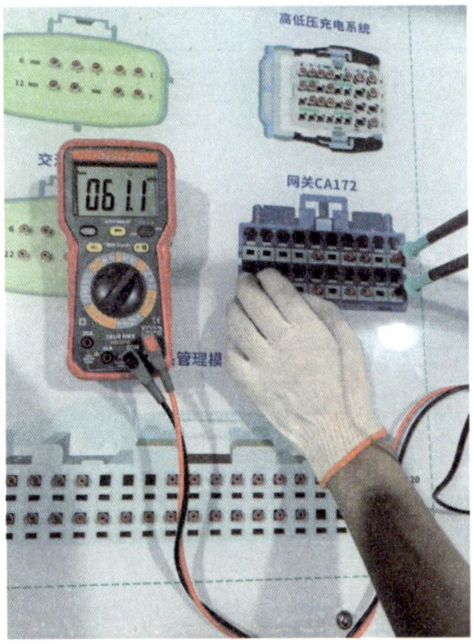

图 4-7　测量相关模块 CAN-H 和 CAN-L 电阻

（11）如测量结果异常则证明 CAN 线故障。

（12）根据工单要求恢复动力电池包工位。

（13）整理工位和工具，清扫工位，实施"6S"管理。

（三）作业工单

专业		班级	
姓名		学号	
小组成员		组长姓名	
任务名称		动力电池管理系统 CAN 网络的故障诊断	

1. 任务阐述
针对客户车辆，参照车辆使用说明书和维修手册，按照动力电池系统的技术要求，完成对动力电池的外观及性能检测工作，确保车辆动力电池的稳定性和安全性，根据要求对动力电池管理系统 CAN 网络的故障诊断

2. 任务步骤				
序号	作业项目	是否完成		作业记录
1	工位安全检查、环境安全检查	是☐	否☐	
2	检查绝缘工具套装和工量具	是☐	否☐	
3	测量终端电阻值，填写工单	是☐	否☐	测量值：_____
4	检测 BMS 整车，CAN-H、CAN-L 电压值，填写工单	是☐	否☐	测量值：_____ 测量值：_____

序号	作业项目	是否完成	作业记录
5	检测 BMS 快充，CAN-H、CAN-L 电压值，填写工单	是□　否□	测量值：_____ 测量值：_____
6	检测单独线束电阻	是□　否□	测量值：_____
7	根据要求对新能源汽车进行复位	是□　否□	
8	规范操作"6S"	是□　否□	
9	恢复工位，清理场地	是□　否□	

四、任务评价

（一）技能评定

序号	考核项目	考核内容	赋分/分	得分/分
1	准备工作	检查工作环境	5	
		检查绝缘工具、防护工具	10	
		检查测量工具	10	
2	检查 CAN 线	检查终端电阻值	20	
		检查 CAN 线电压值	20	
3	作业记录	正确填写工单	5	
4	工位整理	"6S"检查	10	
5	安全生产	遵守安全操作规程	10	
		安全用电，无人身、设备事故	10	

注：操作规范即得分，操作错误或未进行操作得 0 分。

（二）知识测评

1. 选择题

（1）以下哪种工具通常作为测量动力电池 CAN 线电压和电阻的工具？（　　）

　　A. 万用表　　　　　B. 诊断仪　　　　　C. 兆欧表　　　　　D. 试灯

（2）CAN 总线终端电阻通常为（　　）Ω。

　　A. 120　　　　　　B. 80　　　　　　C. 60　　　　　　D. 5

2. 简答题

（1）简述动力电池 CAN 的作用。

（2）简述测量动力电池管理系统 CAN 线的步骤。

五、扩展阅读

动力电池的发展

2022 年是动力电池发展最为迅速的一年。四五年前,电动汽车还受制于续航和寿命问题,得不到市场的认可。如今,动力电池的续航已经能够轻松达到 500 km,最长的甚至能够突破 1 000 km;而寿命问题,根据相关规定,新能源汽车的电池容量低于 80% 才达到强制报废的标准。因此不少人称"就算开到汽车报废,电池也不一定会报废"。

由此可见,续航和寿命已经不是目前动力电池的发展难题了,那么在突破续航和寿命的问题之后,接下来动力电池的发展方向有哪些呢?

截至 2021 年,中国科学技术大学教授、国家"973"计划首席科学家在世界动力电池大会上指出:2021 年度,全国共发生电动汽车火灾事故 3 000 余起,着火概率约为 0.03%,稍高于传统燃油车 0.01% ~0.02% 的火灾事故率。

事故发生原因其实很明显,近两年新能源汽车的保有量不断上升,而且车辆年限的增加会导致线路老化。在双重因素的影响下,火灾发生率必然会有所增加。

动力电池的安全问题是消费者最为关心的问题。今年,各类"新能源汽车自燃"的消息越发频繁地出现,甚至有媒体表示"平均每天发生 7 例电动汽车自燃事故"。很显然,未来动力电池的安全性仍会是影响新能源汽车发展的一个关键因素。

当前,我们提升电池系统能量密度的方式主要有两种:一是从物理结构层面,减少壳体、模组等的质量;二是材料上的创新,不过这种方式难度较大。你可以发现,短短几年的时间宁德时代的 CTP 技术到目前已经更迭到了第三代,甚至出现了 CTC/CTB 等结构层面的进步,但在材料上仍旧是以"锂"为中心,虽然出现了"钠离子"等材料的电池,但是仍在进一步的研发中。

动力电池作为新能源汽车的核心部件之一,其技术的发展与整个新能源汽车的发展紧密相连。我们希望未来能够有更多的新技术、新材料被提出并运用到实处,让动力电池继续为新能源汽车的发展赋能。

项目五　新能源汽车充电系统认识

项目导入

　　随着全球对环境保护意识日益增强,新能源汽车作为绿色出行的代表,受到了越来越多人的青睐,而新能源汽车的充电系统作为其核心组成部分,直接影响着车辆的使用性能和用户的驾驶体验。因此,深入了解新能源汽车的充电系统,对于我们更好地使用和维护新能源汽车具有重要意义。

　　在本项目中,主要对新能源汽车充电系统的组成、工作原理及车载充电机的更换进行学习。

学习支持

【知识目标】

1. 能描述新能源汽车充电系统的作用;
2. 能描述新能源汽车充电系统的充电方式;
3. 能阐述新能源汽车充电系统的组成;
4. 能厘清新能源汽车充电系统的控制逻辑。

【能力目标】

1. 能正确认识、了解车载充电机;
2. 能正确找到车载充电机的位置;
3. 能熟悉更换车载充电机的流程;
4. 能正确清洁、整理工具,对工位进行"6S"操作。

【素质目标】

1. 增强新能源汽车中游产业可持续发展的社会责任感;
2. 增强新能源汽车维修工、质检员等职业的荣誉感;
3. 具备安全意识、规范意识、团队意识、工匠精神及创新思维;

4.提升动力电池系统问题的分析、解决及优化能力。

【项目任务】

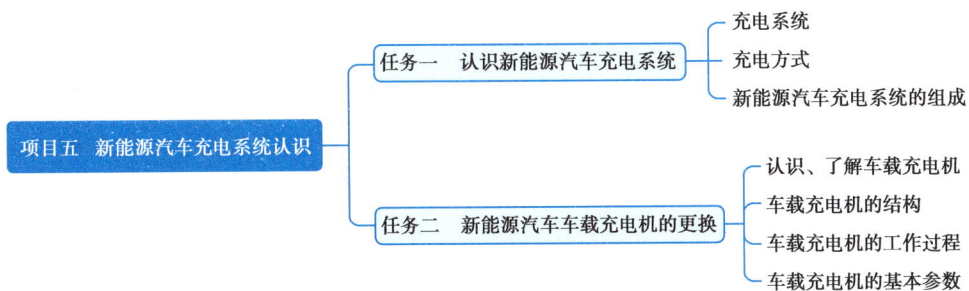

任务一　认识新能源汽车充电系统

一、任务描述

一辆新能源汽车被拖进了维修厂,车主反映车辆的续航里程急剧下降,充电速度也变得非常缓慢。在汽车检查期间,作为维修顾问,请你为车主介绍新能源汽车的充电系统,并为售后服务打下基础。

二、知识准备

(一)充电系统

充电系统是指用于为电子设备或电动车辆充电的一套设备和系统。它由充电器、电源、电池、充电控制器和连接线等组成。在新能源汽车上,纯电动汽车的充电技术的关键问题是如何实现高效率的快速充电。这关系到充电器的容量和性能、电网的承载能力和动力电池的承受能力等。随着动力电池本身的充、放电速度的不断提高,充电系统的性能也在不断地改进,以满足在不同应用情况下的快速充电需求,如图5-1所示。

图 5-1　新能源汽车充电系统

(二)充电方式

新能源汽车充电系统又称为电能补给系统,主要分为常规充电和快速充电。

新能源汽车
充电方式

1.常规充电

常规充电即交流充电(慢充),指电网输入给车辆的电压为交流电,主要是通过家用电源插头和交流充电桩接入交流充电口,通过车载充电器将220 V交流电转为330 V直流电为动力电池充电。

优点:充电电流和功率较小,对电池寿命影响较小,有利于延长电池的使用寿命。

缺点:充电时间长,需要花费6~8 h,才能将亏电的电池组充到满电状态,在紧急用车时,不能很好地满足需求。

2.快速充电

快速充电即直流充电(快充),指外部电网输入给车辆的电压为直流电,主要是通过充电站的充电桩将直流高压电直接通过直流充电口为动力电池充电。

优点:充电速度快,通常只需0.5~1 h即可将电池充至80%,能满足紧急出行需求,提高车辆的使用效率。

缺点:快充时较大的电流和功率可能导致电池内部温度升高,长期频繁使用快充可能影响电池的寿命和性能。

(三)新能源汽车充电系统的组成

新能源汽车充电系统主要由供电设备、车载充电机、高压控制盒、动力电池、DC-DC转换器、低压蓄电池,以及各种高压线束和低压控制线束等组成。

新能源汽车充电系统的组成

1.供电设备

供电设备是新能源汽车充电系统的能源来源,主要以充电桩或家用交流电源为主。充电桩作为新能源汽车充电系统的配套设施,有交流充电桩和直流充电桩。

交流充电桩,固定在新能源汽车外,与交流电网连接,为新能源汽车车载充电器提供交流电源的供电装置。但由于交流充电桩只能提供电力输出,没有充电功能,需连接车载充电器为新能源汽车充电,相当于只作为电源控制的装置。

直流充电桩,固定在新能源汽车外,与交流电网连接,可作为非车载电动汽车的动力补充,是一种直流工作电源的电源控制装置,能够提供充足的电量,输出的电压和电流可以连续调节,可有效实现快速充电的要求,并为非车载电动汽车动力电池提供直流电源。

2.车载充电机

车载充电机的主要功能是将220 V交流电转换为高压直流电对动力电池进行充电,实现电池电量的补给。其内部可分为主电路(功率电路)、控制电路、线束及标准件3个部分。

(1)主电路。将交流电转换为恒定直流电,并将转换出来的直流高压电变换为合适的电压及电流供给动力电池。

(2)控制电路。其核心是控制器,具备控制MOS管开关、与BMS通信、监测充电机状态以及与充电桩握手等功能。

(3)线束及标准件。用于主电路及控制电路的连接,固定元器件及电路板。当车载充电机接上交流电后,需通过BMS首先对电池的状态进行采集分析和判断,进而调整充电参数。

3.高压控制盒

高压控制盒又称为电动汽车高压配电盒(Powee Distribution Unit,PDU)或高压电器盒等,主要负责对整车高压配电进行控制和管理。

高压控制盒的功能主要包括以下几点:

(1)实现电源分配。

(2)具有保护功能,能在电路异常时快速切断电源。

(3)CAN通信功能,能够实时交换数据,与车辆的其他控制系统进行联动。

4.动力电池

动力电池是新能源汽车的储能设备,用于存储电能,并为驱动电机提供动力能源。

5.DC-DC 转换器

DC-DC 转换器将动力电池中的高电压转换为适合动力转向系统、空调,以及其他辅助设备所需的 12 V、14 V、24 V 等低电压,确保这些设备正常运转。

三、任务实施

(一)实施方案

1.组织方式

每 6 名同学一组,按照企业岗位的操作标准,参照厂家维修手册,依据"1+X"证书考核标准,规范地完成查找新能源汽车充电系统各组成部件的安装位置,每组作业时间为40 min。

2.设备器材

(1)场地:理实一体化教室。

(2)设备:实训工作台、工具车、充电桩、万用表、垃圾桶等。

(3)安全防护:灭火器、高压防护套装、绝缘工具套装等。

(4)耗材:干净抹布。

(二)操作步骤

(1)检查工作环境的安全性,做好个人安全防护。

(2)检查绝缘工具套装和工量具是否正常。

(3)查找各组成部分安装位置并填写工单。

(4)阐述指定组成部件的作用并填写工单。

(5)恢复工位。

(6)整理工位和工具,清扫工位,实施"6S"管理。

（三）作业工单

专业		班级	
姓名		学号	
小组成员		组长姓名	
任务名称		新能源汽车充电系统各组成部分辨识及安装位置	

1. 任务阐述

依据车辆使用说明书和维修手册，按照岗位的技术要求，完成对新能源汽车充电系统各组成部分辨识及安装位置的查找，并根据部件，阐述在充电系统中的作用

2. 任务步骤

序号	作业项目	是否完成	作业记录
1	工位安全检查、环境安全检查	是□ 否□	
2	检查绝缘工具套装、工量具	是□ 否□	
3	查找车载充电机的位置	是□ 否□	
4	充电桩的类型判定	是□ 否□	
5	根据要求对各组成部件进行阐述	是□ 否□	
6	规范操作"6S"	是□ 否□	
7	恢复工位，清理场地	是□ 否□	

四、任务评价

（一）技能评定

序号	考核项目	考核内容	赋分/分	得分/分
1	准备工作	检查工作环境	5	
		检查绝缘工具、防护工具	5	
2	查找安装位置	检查各组成部件的安装位置	25	
3	阐述作用	正确阐述指定部件的作用	30	

续表

序号	考核项目	考核内容	赋分/分	得分/分
4	作业记录	正确填写工单	5	
5	工位整理	"6S"检查	10	
6	安全生产	遵守安全操作规程	10	
		安全用电,无人身、设备事故	10	

注:操作规范即得分,操作错误或未进行操作得0分。

（二）知识测评

1. 选择题

（1）新能源汽车快充是以（　　）为主。

  A. 直流电　　　　　B. 交流电　　　　　C. 三相电　　　　　D. 低压电

（2）车载充电机是将家庭用电的（　　）V 交流电转换成直流电输出的。

  A. 12　　　　　　　B. 24　　　　　　　C. 220　　　　　　　D. 380

（3）动力电池的主要作用是（　　）。

  A. 提供动能　　　　B. 发电　　　　　　C. 电容　　　　　　D. 储能

2. 填空题

（1）车载充电机主要是将交流电转换为高压_____电。

（2）常见的充电方式分为_____和_____。

3. 简答题

（1）简述新能源汽车充电系统的作用。

（2）阐述直流快充和交流慢充的区别。

任务二　新能源汽车车载充电机的更换

一、任务描述

一辆新能源汽车被拖进了维修厂，车主反映车辆的续航里程急剧下降，充电速度也变得非常缓慢。在汽车检查期间，作为汽车维修工，请你为车主更换新能源汽车的车载充电机。

二、知识准备

（一）认识、了解车载充电机

车载充电机是固定安装在电动汽车上，将公共电网的电能转变为车载储能装置所要求的直流电，并为车载储能装置充电的装置。车载充电机安装在车辆动力舱内，其优势在于可以在车库、停车场或者住宅等任何有交流电源供电的地方随时随地进行充电，功率相对较小。同时，车载充电机安装在新能源汽车内部的固定位置上，车载充电机的参数是与新能源汽车电池相配匹的，只需按照电池管理系统需求的电流电压来供给输出并限制上、下限，车载充电机除了需要提供充电功能，还应满足新能源汽车车载充电机的形状小、质量轻、高性能、高效率的特点。

同时，新能源汽车车载充电机根据结构不同，可以分为单向车载充电机、双向车载充电机、集成式车载充电机。

1. 单向车载充电机

单向车载充电机结构多样、控制简单。单向车载充电机利用电网电能为电动汽车蓄电池组充电，功率单向流动，一般具有高效率、高功率因数、体积小及成本低等特点，能满足大多数纯电动汽车和插电式电动汽车的充电需求。单向车载充电机输入交流电经过 AC-DC 转换为直流电，然后直接为新能源汽车电池组供能，如图 5-2 所示。

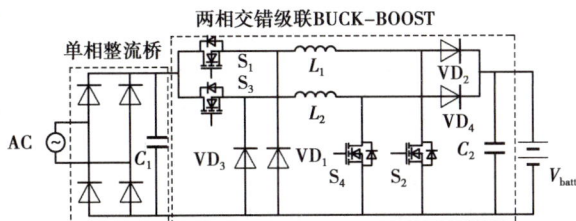

图 5-2　单向车载充电机转换控制电路图

2. 双向车载充电机

双向车载充电机开关器件数目多，控制复杂，体积较大。与单向车载充电机的单一

功能相比,双向车载充电机一般具有两种工作模式:电池充电模式(On-Board Charger, OBC)和汽车到电网供电模式(Vehicle-to-Grid, V2G)。电流双向流动,不仅能利用电网电能为新能源汽车充电,还能将新能源汽车电池的电能回馈到电网,停电期间新能源汽车还能作为家庭应急电源(Vehicle-to-Grid, V2G)。因此,通过双向车载充电机,新能源汽车可以帮助电网调峰填谷,发电高峰期间从电网吸收电能为新能源汽车电池组充电,用电高峰期间将新能源汽车电池组储存的电能回馈给电网。

AC-DC 变换器与电网相连,充电时实现功率因数校正和整流升压,放电时实现直流母线电压降压和逆变;DC-DC 变换器与电动汽车电池组相连,主要控制充放电电压和电流。

双向车载充电机按连接的电网相数可分为单相双向车载充电机和三相双向车载充电机。

双向车载充电机多采用两级变换结构,由双向 AC-DC 变换器和双向隔离 DC-DC 变换器构成,如图 5-3 所示。

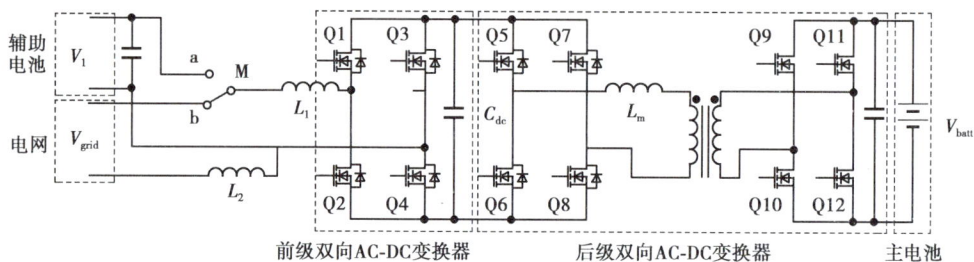

图 5-3　双向车载充电机转换控制电路图

3. 集成式车载充电机

集成式车载充电机利用新能源汽车自身驱动系统的功率电路部分,相对减小了体积及质量,但其性能受新能源汽车功率电路的限制。为了将车载充电机的体积、质量和成本做到最小,1985 年首次提出了将车载充电机集成到新能源汽车驱动系统中,即在电动汽车原有的功率电路基础上,利用电机绕组、驱动逆变器等功率电子电路设计车载充电机。此外,由于集成式车载充电机要实现驱动和充电功能,所以控制算法非常复杂。集成电机绕组的车载充电机根据交流电机绕组相数不同,需针对性地设计集成车载充电机。集成三相交流电机绕组的车载充电机作为电感使用,如图 5-4 所示。

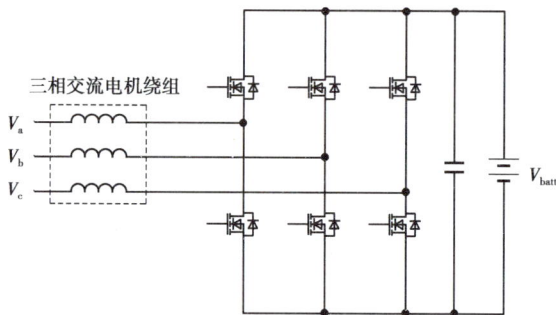

图 5-4　集成式车载充电机转换控制电路图

（二）车载充电机的结构

车载充电机由输入端口、控制单元、低压辅助单元、功率单元、输出端口等部分组成。充电过程中宜由车载充电机提供电池管理系统、充电接触器、仪表盘、冷却系统等低压用电电源。车载充电机连接示意图如图5-5所示。

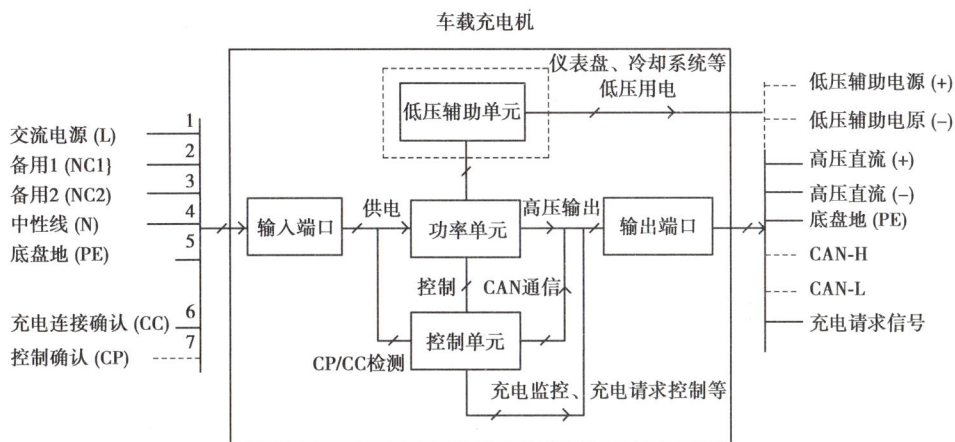

图 5-5　车载充电机连接示意图

1.输入端口

输入端口包括7个Pin口，三类连接。输入端口分为高压电源连接、高压中性线，车辆底盘、低压信号的充电连接及控制确认。标准的输入端口采用工频单相输入220 V电压。如果功率需要，也可以启用两个备用Pin口（NC1、NC2），实现380 V输入。

2.控制单元

采样输出电流和电压，经过处理后将实时值传递给PID（Proportional Integral Derivative）控制回路，由控制器比较测量值与期望值之间的差距，再将调节要求传递给PWM（Pulse Width Modulation，脉冲宽度调制技术）回路，用脉冲宽度变化控制高压回路中功率器件的开闭时间，最终实现输出电流和电压尽量接近主控系统要求的数值。

3.低压辅助单元

低压辅助单元是一个标准低压电源，输出电压12 V或24 V，在充电期间为新能源汽车上的用电器供电，如电池管理系统、热管理系统、汽车仪表等。

4.功率单元

功率单元一般包括输入整流、逆变电路和输出整流3个部分，将输入的工频交流电转化成动力电池系统能够接受的适当电压的直流电。

5.输出端口

输出端口包括低压辅助电源正、负极的两个Pin口，高压充电回路正、负极的两个Pin口，底盘地，通信线CAN-H和CAN-L（还可以有CAN屏蔽），充电请求信号线。其中，高压两个Pin口与电池包相连；充电机的输入端口与外部电源之间完成充电连接确认后，通过"充电请求信号"线向车辆控制器发送充电请求信号,同时或延时一小段时间后,用低压辅助电源为整车供电。

（三）车载充电机的工作过程

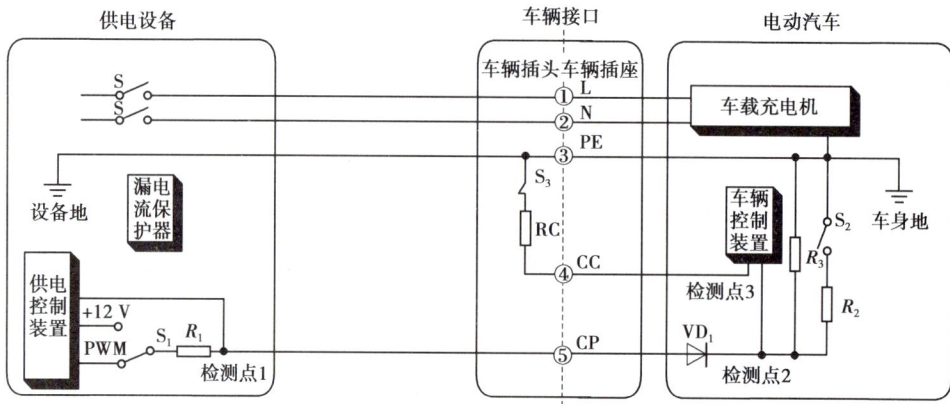

车载充电机的工作过程

1. 车载充电机输入

当使用车载充电机对电动汽车进行充电时,使用典型电路作为充电接口状态及车载充电机输出的状态,如图5-6所示。

图 5-6　车载充电机输入示意图

车辆充电机输入过程如下:

（1）车辆插头与插座连接,使车辆处于不可行驶状态。将车辆插头与车辆插座插合后,车辆的总体设计方案可以自动启动某种触发条件（如打开充电门、插头与插座连接或者对车辆的充电按钮、开关等进行功能触发设置）,通过互锁或者其他控制措施使车辆处于不可行驶状态。

（2）确认车辆接口已完全连接。新能源汽车车辆控制装置通过测量图5-6中检测点3的电压值,判断车辆插头与车辆插座是否已完全连接。

（3）确认充电连接装置是否已完全连接。在操作人员对供电设备完成充电启动设置后,如供电设备无故障,并且供电接口已完全连接,则闭合S_1,供电控制装置发出PWM信号。电动汽车车辆控制装置通过测量图5-6中检测点2的PWM信号,判断充电连接装置是否已经完全连接。

2. 车载充电机输出

车载充电机输出电路如图5-7所示。

车载充电机输出过程如下:

（1）车辆准备就绪。在电动汽车和供电设备建立电气连接和车载充电机完成自检后并通过图5-6中检测点2的PWM信号确认充电额定电流值（根据充电装置的交流电特性）。车载充电机给车辆控制装置发送充电感应请求信号,同时或延时（如100 ms）后给车辆控制装置供电。根据充电协议进行信息确认,若需充电则电动车辆控制装置发送需充电报文并控制充电接触器闭合,车载充电机按所需功率输出。

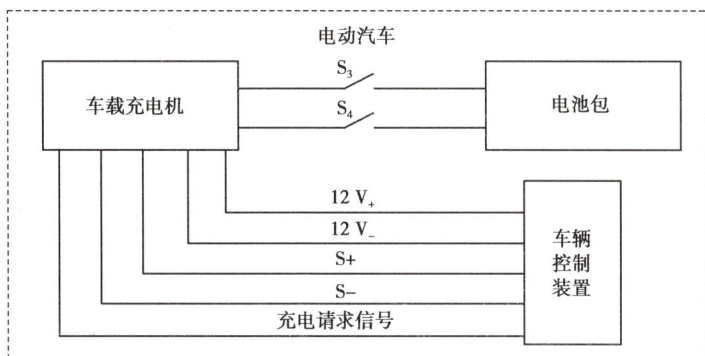

图 5-7　车载充电机输出电路示意图

　　车辆控制装置通过判断图 5-6 中,检测点 2 的 PWM 信号占空比确认供电设备当前能提供的最大充电电流值。车辆控制装置对供电设备、充电连接装置及车载充电机的额定输入电流值进行比较,将其最小值设定为车载充电机当前最大允许输入电流。当判断充电连接装置已完全连接,并完成车载充电机最大允许输入电流设置后,车辆控制装置控制图 5-7 中 S_3、S_4 闭合,车载充电机开始对电动汽车进行充电。

　　(2)充电过程的监测。在充电过程中,车辆控制装置可以对图 5-6 中检测点 3 的电压值 PWM 信号占空比进行监测,供电控制装置可以对图 5-6 中检测点 1 的电压值进行监测。

　　(3)充电系统停止。在充电过程中,当充电完成或者因为其他因素不满足充电条件时,车辆控制装置发出充电停止信号给车载充电机,车载充电机停止直流输出、CAN 通信和低压辅助电源输出。

　　车载充电机的整体拓扑结构如图 5-8 所示,该结构前级选用了三相六开关 PFC (Power Factor Correction)电路,在提高功率因数的同时为后级提供稳定在 700 V 的输入电压,后级选用全桥 LLC 谐振变换器用于输出 280 ~ 400 V 的宽范围电压,利用高频软开关技术降低开关损耗。

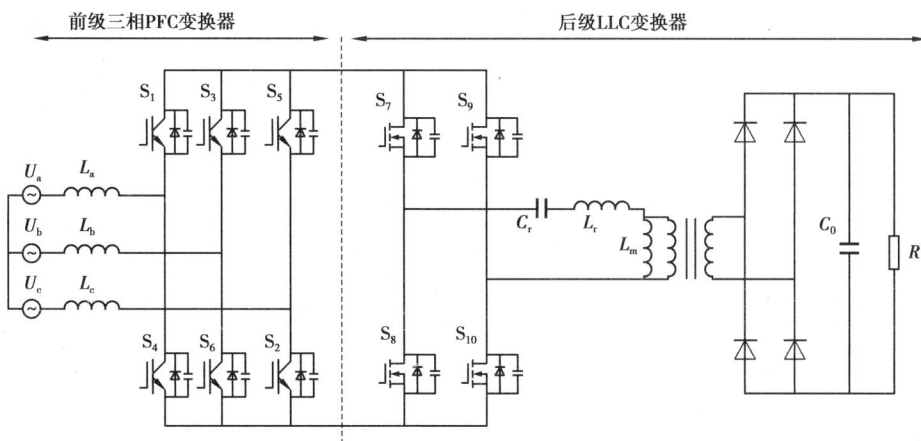

图 5-8　车载充电机的整体拓扑结构

根据车载充电机的功能要求,选用了 3 个不同功能的芯片来实现不同的充电机功能,最终得到的车载充电机的主要功能结构,如图 5-9 所示。

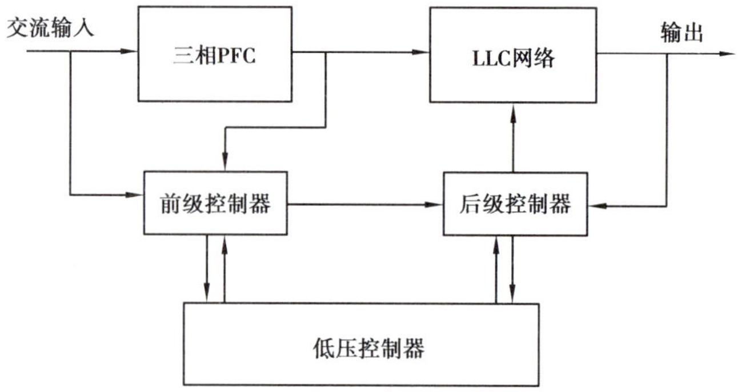

图 5-9　车载充电机的主要功能结构

(四)车载充电机的基本参数

1.充电效率

车载充电机的直流输出功率与交流输入功率的比值称为充电效率。

2.输出电压误差

输出电压误差是指车载充电机实际输出电压值和输出电压设定值之间的偏差与输出电压设定值的比值。

3.输出电流误差

输出电流误差是指车载充电机实际输出电流值和输出电流设定值之间的偏差与输出电流设定值的比值。

4.额定输入电压、额定输入电流

车载充电机额定输入电压和额定输入电流参数,见表 5-1。

表 5-1　车载充电机额定输入电压和额定输入电流参数

额定输入电压/V	额定输入电流/A	额定频率/Hz
单项 220	10	
	16	50
	32	

注:三相输入电压、电流为可扩展方式。

5.输出电压推荐值

推荐将车载充电机输出电压等级分为 6 级,见表 5-2。

表 5-2　车载充电机输出电压等级

输出电压等级	输出电压范围/V	标称输出电压推荐值/V
1	24 ~ 65	48
2	55 ~ 120	72
3	100 ~ 250	144
4	240 ~ 420	336
5	300 ~ 570	384/480
6	400 ~ 750	640

以吉利 EV450 为例,吉利 EV450 车载充电机参数见表 5-3。

表 5-3　吉利 EV450 车载充电机参数

项目	参数	单位
输入电压	90 ~ 264	V
输入频率	(50+2)%	Hz
输入最大电流	16	A
输出电压	直流 200 ~ 450	V
输出最大功率	6.6	kW
输出最大电流	32	A
效率	≥93%	—
质量	10.5	kg
工作温度	−40 ~ 80	℃
冷却液类型	50% 水+50% 乙二醇	—
冷却液流量要求	2 ~ 6	L/min

吉利 EV450 车载充电机位于车辆动力舱内,其位置如图 5-10 所示。

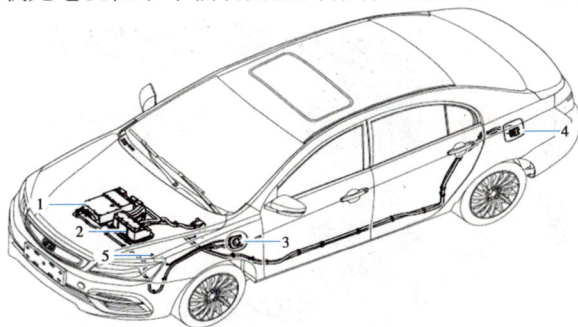

图 5-10　吉利 EV450 车载充电机位置
1—高压配电及车载充电机;2—电机控制器及 DC-DC;3—交流慢充口;4—直流快充口;5—高压线束

吉利 EV450 车载充电机和其他部件的连接如图 5-11 所示。可以看出,车载充电机除了通过直流母线和动力电池连接,还通过高压线束和动力电池、PTC(Positive Temeperture Coefficient)加热器、驱动电机控制器连接,同时还有接口与交流充电接口相连,通过低压线束和整车控制器等进行通信,另外还有冷却水进口、出水口。

图 5-11　吉利 EV450 车载充电机和其他部件的连接

吉利 EV450 车载充电机与加热器高压线束连接器如图 5-12 所示。该连接器通过高压线束连接 PTC 加热器。

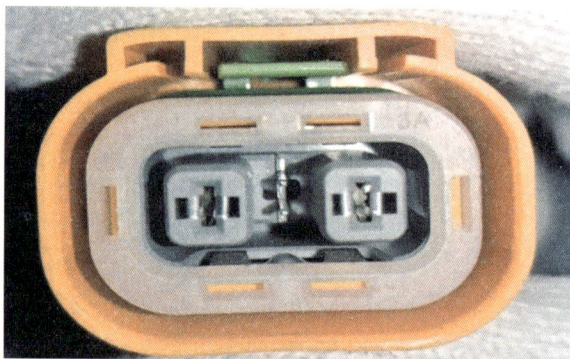

图 5-12　吉利 EV450 车载充电机与加热器高压线束连接器

吉利 EV450 车载充电机与电机控制器线束连接器如图 5-13 所示。该连接器通过高压线束连接电机控制器。

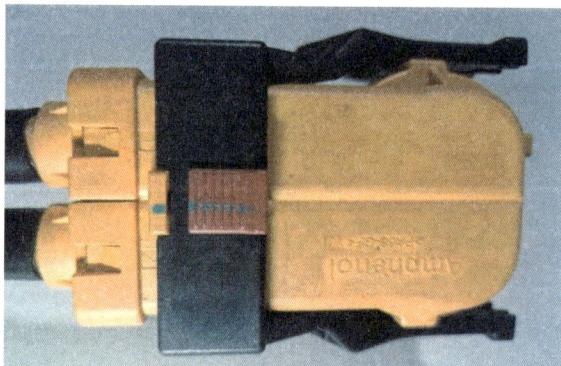

图 5-13　吉利 EV450 车载充电机与电机控制器线束连接器

吉利 EV450 车载充电机与交流充电插座线束连接器如图 5-14 所示。该连接器通过高压线束连接交流充电插座。

图 5-14　吉利 EV450 车载充电机与交流充电插座线束连接器

吉利 EV450 车载充电机与低压线束连接器如图 5-15 所示。该连接器通过低压线束连接交流充电插座。

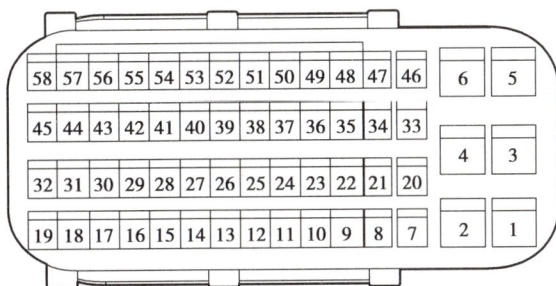

图 5-15　吉利 EV450 车载充电机与低压线束连接器

吉利 EV450 车载充电机各个端子的定义见表 5-4。

表 5-4　吉利 EV450 车载充电机各个端子的定义

端子号	定义	颜色
4	KL30	R
6	接地	B
17	充电口温度检测 1 地	B/W
19	唤醒	0.5 Y/B
26	高压互锁入	W
27	高压互锁出	Br/B
30	电子锁状态	W/R

续表

端子号	定义	颜色
34	充电口温度检测 1	B/Y
39	CC 信号检测	O
41	对应灯具 2 脚	P/B
44	电子锁正极	W/L
47	对应灯具 3 脚	L
49	对应灯具 4 脚	O/G
50	CP 信号检测	V/B
54	CAN-L	L/B
55	CAN-H	Gr/O
57	电子锁负极	W/B

三、任务实施

车载充电机的更换

（一）实施方案

1. 组织方式

每 2 名同学一组,按照操作标准,参照维修手册,规范地更换吉利 EV450 车载充电机,每组作业时间为 60 min。

2. 设备器材

(1)场地:新能源汽车维修区域。

(2)设备:吉利 EV450、举升机、工具车、车载充电机、万用表、冷却液、垃圾桶等。

(3)安全防护:灭火器、高压防护套装、绝缘工具套装等。

(4)耗材:干净抹布。

（二）操作步骤

吉利 EV450 车载充电机的更换流程如图 5-16 所示。

(1)打开前机舱盖。

(2)断开蓄电池负极电缆。

(3)断开车载充电器处直流母线。

(4)排放冷却液,注意,排放冷却液前需在车辆底部放置容器,接住冷却液,以防污染地面。

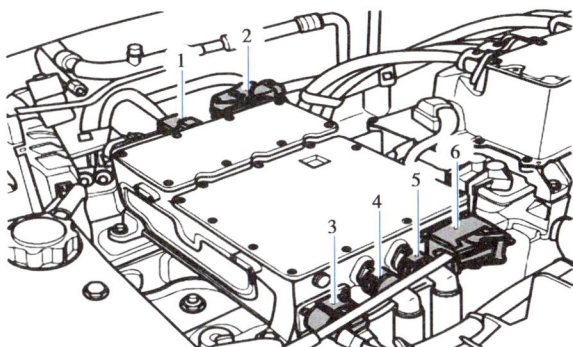

图 5-16　车载充电机线束拆卸各连接器示意图

（5）拆卸车载充电机，具体步骤如下：

①断开车载充电机与加热器高压线束连接器①；

②断开车载充电机与驱动电机控制器高压线束连接器②；

③断开车载充电机线束与交流充电插座总成连接器③；

④断开车载充电机与驱动电机总成连接水管④；

⑤断开车载充电机与驱动电机控制器连接水管⑤；

⑥断开车载充电机与低压连接器⑥；

⑦拆卸分线盒电机控制器高压线束连接器 4 个固定螺栓，如图 5-17 所示；

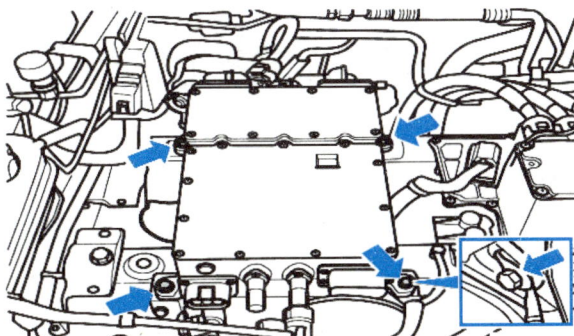

图 5-17　拆卸电机控制器高压线束连接器 4 个固定螺栓

⑧拆卸车载充电机搭铁线；

⑨取出车载充电机。

（6）安装车载充电机，具体步骤如下：

①放置车载充电机，紧固 4 个车载充电机固定螺栓，力矩为 22 N·m，如图 5-18 所示；

②紧固车载充电机搭铁线线束；

③连接车载充电机与加热器高压线束连接器①；

④连接车载充电机与驱动电机控制器高压线束连接器②；

⑤连接车载充电机线束与交流充电插座总成连接器③；

⑥连接车载充电机与驱动电机总成连接水管④；

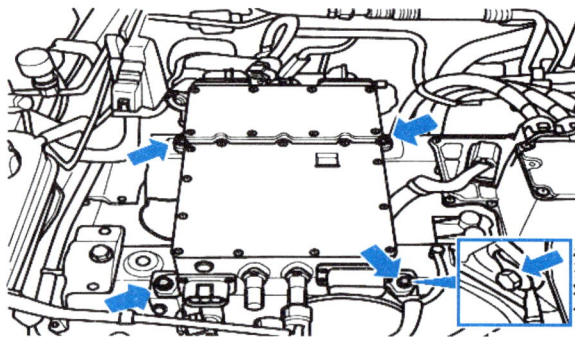

图 5-18　紧固电机控制器高压线束连接器 4 个固定螺栓

⑦连接车载充电机与驱动电机控制器连接水管⑤;

⑧连接车载充电机与低压连接器⑥,如图 5-19 所示;

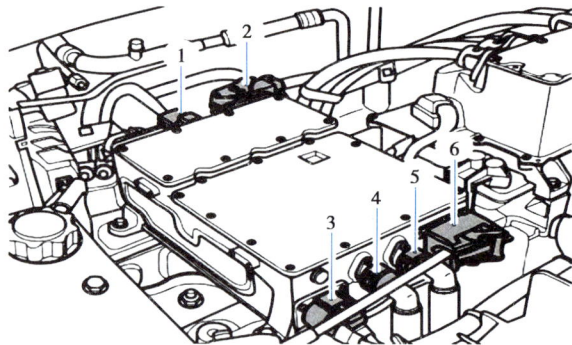

图 5-19　车载充电机线束安装各连接器

⑨连接分线盒侧直流母线束连接器,插接时注意"一插、二响、三确认"。

(7)连接蓄电池负极电缆。

(8)加注冷却液。

(9)关闭机舱盖。

(10)检查周围环境卫生,做好维修工位场地"6S"。

(三)作业工单

专业		班级	
姓名		学号	
小组成员		组长姓名	
任务名称	吉利 EV450 车载充电机的更换		
1. 任务阐述			
针对客户车辆,参照车辆使用说明书和维修手册,按照更换车载充电机的技术要求,完成对车载充电机的更换,确保车辆车载充电机正常工作			

续表

		2. 任务步骤		
序号	作业项目	是否完成		作业记录
1	工位安全检查、环境安全检查	是□　　否□		
2	检查绝缘工具套装和工量具	是□　　否□		
3	检测车载充电机，填写工单	是□　　否□	正常　　不正常	
4	检测端子接口，填写工单	是□　　否□	正常　　不正常	
5	根据要求对车载充电机进行更换	是□　　否□		
6	恢复工位	是□　　否□		
7	规范操作"6S"，清理场地	是□　　否□		

四、任务评价

（一）技能评定

序号	考核项目	考核内容	赋分/分	得分/分
1	准备工作	检查工作环境	5	
		检查绝缘工具、防护工具	5	
		检查工具	10	
2	检查电芯	检查车载充电机	15	
		检查端子接口	15	
3	组装电芯	正确更换车载充电机	15	
4	作业记录	正确填写工单	5	
5	工位整理	"6S"检查、场地清洁	10	
6	安全生产	遵守安全操作规程	10	
		安全用电，无人身、设备事故	10	

注：操作规范即得分，操作错误或未进行操作得 0 分。

（二）知识测评

填空题

（1）车载充电机是固定安装在电动汽车上，将公共电网的电能变换车载储能装置所要求的_____电，并给车载_____装置和_____的装置。

（2）新能源汽车车载充电机根据结构不同可以分为_____车载充电机、_____

车载充电机和集成式车载充电机。

（3）车载充电机由交流输入接口、_____单元、_____单元、直流输出接口等部分组成,充电过程中宜由车载充电机提供电池管理系统、_____、仪表盘、冷却系统等低压用电电源。

五、扩展阅读

新能源汽车新技术

800 V 高压平台技术:搭配超充桩可实现几分钟充几百千米,显著提高充电功率并缩短充电时间。

升压充电技术:旨在解决国内早期充电桩与高压车型不兼容的问题,实现车桩全面兼容,适配所有直流充电桩。

双枪超充技术:该技术可让公共快充桩秒变超充桩,提升充电功率和效率。

复合直冷技术:通过电池上下两面均铺直冷板的设计和独立冷媒控制系统进行补偿式流道设计,提升电池冷却面积和换热能力,保证超充安全性。

全场景智能脉冲自加热技术:解决北方冬天新能源汽车续航和充电效率大打折扣的问题,在充电、驻车和行车状态下都能智能启动自加热技术,保障极低温下的整车性能。

小功率直流充电技术:在充电基础设施运营商和设备制造商的积极探索下,小功率直流充电桩输出功率较低、安全性更高,且无须经过车载充电机转化,电能输出可调度,更适应于 V2G 技术。

项目六　新能源汽车充电系统检测

项目导入

充电系统是新能源汽车主要的能源补给系统。新能源汽车,特别是纯电动汽车的充电技术的关键问题在于如何实现高效率的快速充电。这关系到充电器的容量和性能、电网的承载能力和动力电池的承受能力等。随着动力电池本身的充放电速度的不断提高,充电系统的性能也在不断地改进,以满足在多种不同的应用情况下的快速充电需求。

在本项目中,主要对交流充电线束和交流、直流两种充电系统中常见故障的检修进行学习。

学习支持

【知识目标】

1. 能描述新能源汽车充电系统的工作原理;
2. 能描述新能源汽车充电接口的类型和通信协议;
3. 能描述新能源汽车充电系统常见的故障和检修方法。

【能力目标】

1. 能进行充电接口的测量;
2. 能进行充电时母线电流的测量。

【素质目标】

1. 能制订工作计划,独立完成工作学习任务;
2. 能在工作过程中,与小组其他成员合作、交流并进行学习任务分工,具备团队合作精神和安全操作的意识;
3. 养成服从管理、规范作业的良好工作习惯;
4. 培养安全工作的习惯。

【项目任务】

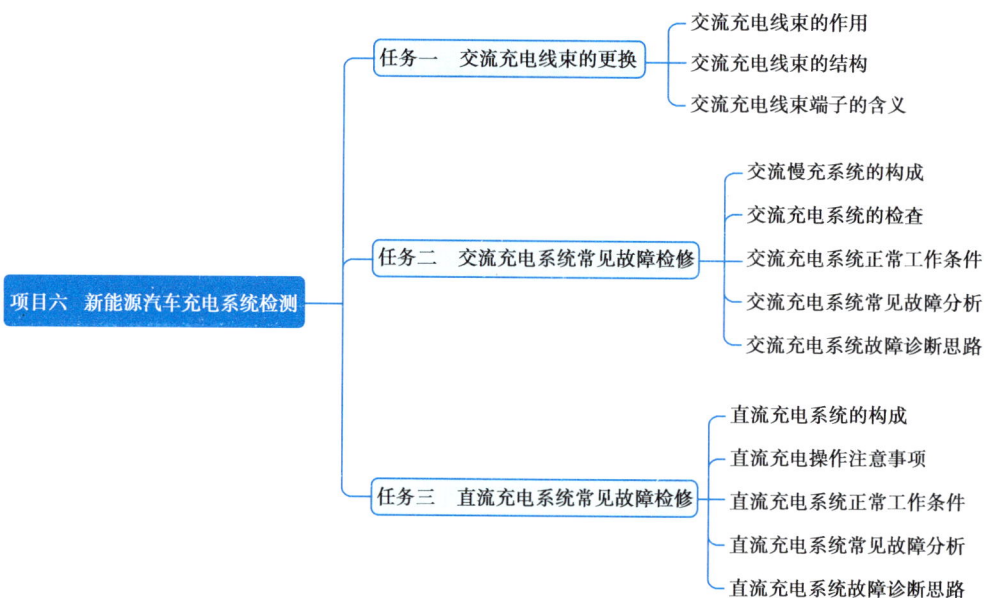

项目六　新能源汽车充电系统检测

　任务一　交流充电线束的更换
　　　交流充电线束的作用
　　　交流充电线束的结构
　　　交流充电线束端子的含义

　任务二　交流充电系统常见故障检修
　　　交流慢充系统的构成
　　　交流充电系统的检查
　　　交流充电系统正常工作条件
　　　交流充电系统常见故障分析
　　　交流充电系统故障诊断思路

　任务三　直流充电系统常见故障检修
　　　直流充电系统的构成
　　　直流充电操作注意事项
　　　直流充电系统正常工作条件
　　　直流充电系统常见故障分析
　　　直流充电系统故障诊断思路

任务一 交流充电线束的更换

一、任务描述

一辆累计行驶里程约 5 万 km 的新能源汽车,发生无法充电的故障,且插入充电枪后仪表盘无任何显示,故障检测仪检查无故障码。按照维修手册经过初步检查,其他部件都没有明显问题,检查到 CC(Contrl Channel)信号线异常,需更换交流充电线束。

二、知识准备

(一)交流充电线束的作用

交流充电线束是连接交流充电口和车载充电机的高压线束,使电流经过交流充电线束传输至车载充电器中,如图 6-1 所示。

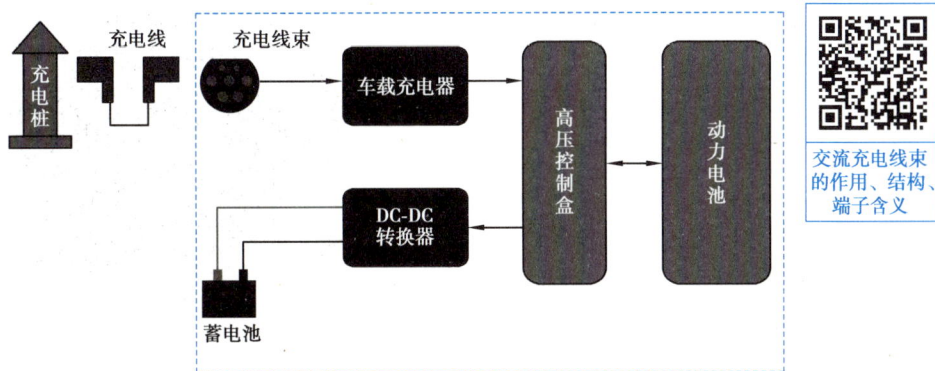

图 6-1 交流充电线束的连接位置

(二)交流充电线束的结构

交流充电线束需要承受较高的电压和电流,电动汽车上的交流充电线束通常按照额定电压值 600 V 设计;如果在商用车和公共汽车上使用,额定电压值高达 1 000 V。根据功率要求,交流充电线束使用时的额定电流值可能高达 250~450 A。为适用于较大的电压和电流,要求交流充电线束具有较好的绝缘能力。交流充电线束表面附有较厚的橙色绝缘套,两端有连接器,在线束外围缠绕橙色波纹保护管,其结构如图 6-2 所示。

导电芯　绝缘层　屏蔽层　保护层

图 6-2　交流充电线束的结构

（三）交流充电线束端子的含义

交流充电线束两端分别连接车载充电机和充电口,两端各有 7 个端子,其端子的含义见表 6-1。

表 6-1　交流充电线束端子的含义

各端子的含义		
CC	充电连接确认信号	
CP	控制确认线	
PE	接地保护	
L	交流电源（相线）	
N	交流电源（中性线）	
NC1	备用触头 1	
NC2	备用触头 2	

三、任务实施

（一）实施方案

1. 组织方式

每 6 名同学一组,按照企业岗位的操作标准,参照厂家维修手册,依据"1+X"证书考核标准,规范地完成交流充电线束的更换,每组作业时间为 30 min。

2. 设备器材

（1）场地:理实一体化教室。

（2）设备:吉利 EV450、工具车、垃圾桶等。

（3）安全防护:灭火器、高压防护套装、绝缘工具套装等。

（4）耗材：干净抹布、手电筒等。

（二）拆卸操作步骤

（1）检查工作环境安全性，做好个人安全防护。

（2）检查绝缘套装、高压防护套装是否正常。

（3）打开前舱盖，垫上右前翼子板垫布、前保险杠垫布、左前翼子板垫布。

（4）断开蓄电池负极电缆，断开车载充电机处直流母线。

（5）拆卸左前轮。

（6）拆卸左前轮罩衬板。

（7）断开车载充电机上的交流充电高压线束连接器①，脱开交流充电线束连接器卡扣②，如图6-3所示。

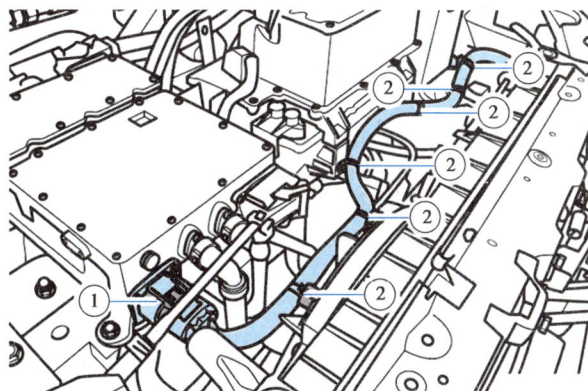

图6-3　断开线束连接器和卡扣

（8）断开交流充电线束卡扣，如图6-4所示。

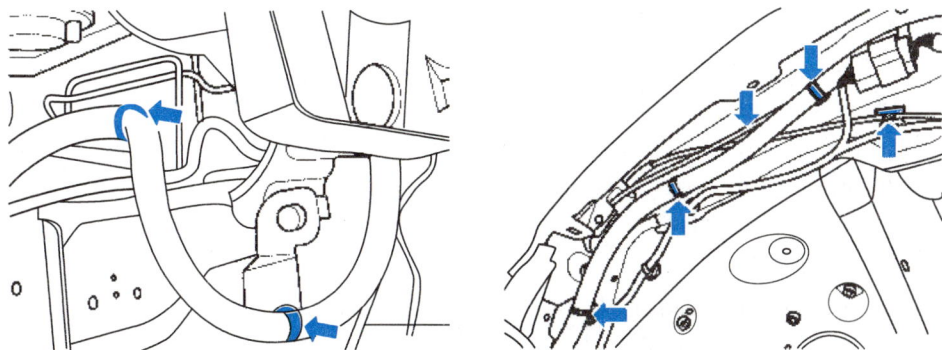

图6-4　断开交流充电线束卡扣

（9）断开交流充电器并锁解锁拉线卡扣，如图6-5所示。

（10）断开交流充电插座线束连接器①，断开交流充电插座口盖线束连接器②，断开交流充电插座线束连接器③，如图6-6所示。

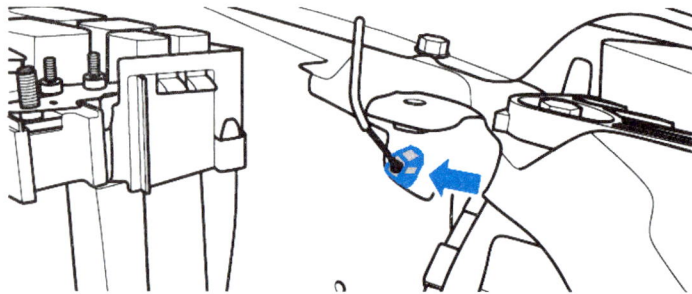

图 6-5　断开交流充电器锁解锁拉线卡扣

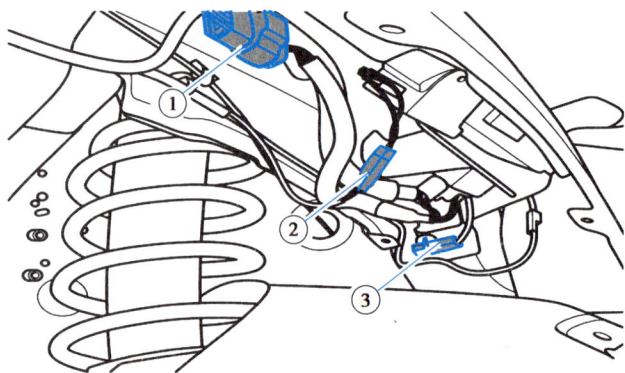

图 6-6　断开线束连接器

（11）取出交流充电线束，并更换。

（三）安装操作步骤

（1）连接交流充电插座线束连接器①，连接交流充电插座口盖线束连接器②，连接交流充电插座线束连接器③，插接时注意"一插、二响、三确认"。

（2）安装交流充电高压线束卡扣。

（3）安装交流充电器锁止拉线卡扣。

（4）连接车载充电机上的交流充电高压线束连接器①，安装交流充电高压线束连接器卡扣②，插接时注意"一插、二响、三确认"。

（5）安装左前轮罩衬板。

（6）安装左前轮。

（7）连接车载充电机处的直流母线。

（8）连接蓄电池负极电缆。

（9）关闭前机舱盖。

（10）填写工单，整理工位和工具，实施"6S"管理。

（四）作业工单

专业		班级	
姓名		学号	
小组成员		组长姓名	
任务名称		交流充电线束的更换	

1. 任务阐述
针对客户车辆，参照车辆使用说明书和维修手册，进行交流充电线束的更换

2. 任务步骤			
序号	作业项目	是否完成	作业记录
1	工位环境、个人安全检查	是□　否□	
2	绝缘工具、防护套装检查	是□　否□	
3	车辆准备、安装垫布	是□　否□	
4	断开电池负极、充电机母线	是□　否□	
5	拆卸左前轮、左前轮罩衬板	是□　否□	
6	断开线束连接器1、卡扣2	是□　否□	
7	断开交流充电线束卡扣	是□　否□	
8	断开充电器锁解锁拉线卡扣	是□　否□	
9	断开连接器1、连接器2、连接器3	是□　否□	
10	取出交流充电线束，并更换	是□　否□	
11	安装步骤与拆卸步骤相反	是□　否□	

四、任务评价

（一）技能评定

序号	考核项目	考核内容	赋分/分	得分/分
1	准备工作	检查工作环境	5	
		检查绝缘工具、防护工具	10	
2	拆卸步骤	拆卸交流线束	30	

续表

序号	考核项目	考核内容	赋分/分	得分/分
3	安装步骤	正确更换交流线束	30	
4	作业记录	正确填写工单	10	
5	工位整理	"6S"检查	5	
6	安全生产	遵守安全操作规程	5	
		安全用电,无人身、设备事故	5	

注:操作规范即得分,操作错误或未进行操作得0分。

(二)知识测评

综合题

根据下图交流充电线束端子将表格补充完整。

代码	含义	

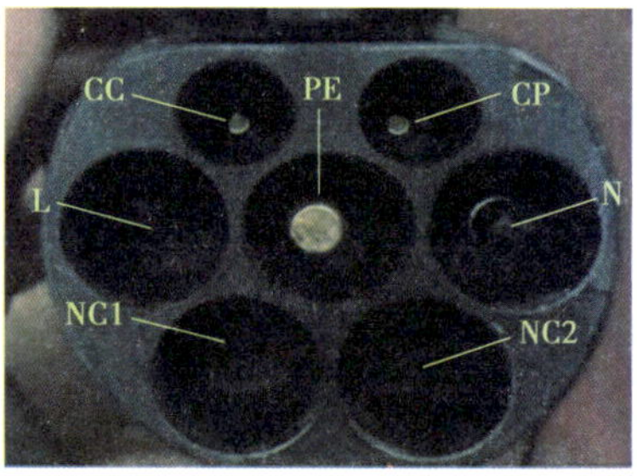

任务二 交流充电系统常见故障检修

一、任务描述

客户的纯电动汽车在充电时,发现车辆不能充电,该客户将车开到4S店进行诊断维修。维修人员确认故障信息后,发现该车装配了交流充电系统,车辆连接充电器系统显示未进行充电。如果你是维修人员,该如何进行检测与维修呢?

二、知识准备

（QR码）交流充电系统组成

（一）交流慢充系统的构成

电动汽车慢充系统主要由供电设备(交流充电桩或家用交流电源)、充电枪、慢充接口、车载充电机(On-board Charger, OBC)、高压线束、高压控制盒、动力电池(含 BMS)、整车控制器(Vehicle Control Unit, VCU)及连接它们的高低压线束等元器件构成。

（二）交流充电系统的检查

纯电动汽车在使用过程中,零件的老化、灰尘的积累等会对交流充电系统的正常工作产生影响。因此,需对交流充电系统进行不定期检查。检查的主要内容如下:

(1)检查车载充电机能否正常工作。

(2)检查充电插座处是否有灰尘、接触不良等情况,充电插座与充电枪连接是否有松动现象。

(3)检查充电高低压线束是否有破损现象。

(4)检查车载充电机冷却液管路是否正常、是否有漏液现象。

(5)检查交流充电口照明灯能否正常工作。

(6)检查交流充电口卡扣盖是否正常。

（三）交流充电系统正常工作条件

动力电池在充电时,整个充电系统应满足以下条件。

(1)充电桩与充电器或快充桩与动力电池的通信要匹配。

(2)车载充电机能正常工作、无故障。

(3)整车控制器与充电器、动力电池控制器的通信要正常。

(4)唤醒信号要正常。

(5)整车控制器和动力电池控制器的信号要正常。

(6)单体电芯之间电压差小于 500 mV。

(7)高压电路无绝缘故障。

（8）动力电池内部温度在充电的温度范围内。

（四）交流充电系统常见故障分析

交流充电系统常见故障分析

1. 车辆无法充电

故障现象：车辆在使用充电桩充电时，充电桩指示灯亮，充电机电源工作灯亮，车辆无法充电。

可能原因：动力电池控制器故障、动力电池故障、通信故障。

故障诊断与排除：根据上述故障现象，充电桩和充电机工作指示灯正常，检查对象应为通信和动力电池内部。

2. 充电时充电桩跳闸

故障现象：车辆在使用充电桩充电时，出现充电桩跳闸现象，充电机无法充电。

可能原因：充电机内部短路。

故障分析：因为此车的故障现象是充电桩跳闸，说明唤醒信号和互锁电路正常，所以基本可以断定是充电机内部短路故障。

故障诊断与排除：检查充电桩交流 220 V 电压、充电桩 CP 线与充电机连接正常，再检查充电线束、高压线束、充电器、动力电池的绝缘均正常，更换充电器，故障排除。

3. 充电器指示灯不亮

故障现象：车辆在使用充电桩充电时，仪表充电指示灯不亮，车辆无法进行交流充电。

可能原因：充电机内部故障、充电唤醒信号中断或互锁电路故障。

故障分析：检查充电机低压供电正常，而充电工作指示灯都不亮，基本确定为充电机内部故障。

故障诊断与排除：检查低压熔断丝盒内的电池充电熔断丝和充电机低压电源，用万用表直流电压挡测量充电机低压电源正常，再检查充电系统连接插件无退针、锈蚀现象，更换充电机，故障排除。

4. 充电机指示灯正常但无法充电

充电机指示灯正常，但充电电流为 0 A，车辆无法进行交流充电。

可能原因：充电线断路不通，或者充电输出回路开路。

故障分析：故障现象说明充电机内部电路工作基本正常。

故障诊断与排除：用万用表检查车辆充电相关继电器、线路、动力电池、车载充电机、充电输出线是否断路，输出线根部或插头外是否断线，零件接口是否松动或损坏，12 V 低压蓄电池长时间使用是否出现充电输出电压不足现象。

（五）交流充电系统故障诊断思路

确定故障部位在交流充电系统后，通常可以按照下述顺序进行进一步的故障检测。

（1）验证故障。

（2）进行基本检查。

（3）使用故障诊断仪检查。

（4）检查交流慢充系统的车载充电机、BMS 等零部件供电、接地、充电唤醒信号及通信是否正常,通常充电机与 CC 端之间的电压信号约为 5 V,CP 处无电信号,但可用万用表二极管挡检测其充电机内管压降;根据电路图,检查车载充电机保险、线束、12 V 电源、接地及慢充唤醒信号是否正常,BMS 能否正常工作,12 V 唤醒信号是否正常,整车控制器、动力电池等部件的 CAN 线是否正常;检查动力电池低压控制端搭铁及 VCU 控制搭铁是否正常。

（5）检查高压电路是否正常。

三、任务实施

交流充电口
拆装

（一）实施方案

1.组织方式

每 6 名同学一组,按照企业岗位的操作标准,参照厂家维修手册,依据"1+X"证书考核标准,规范地完成交流充电口的拆装,每组作业时间为 40 min。

2.设备器材

（1）场地:理实一体化教室。

（2）设备:实训工作台、工具车、万用表、垃圾桶等。

（3）安全防护:灭火器、高压防护套装、绝缘工具套装等。

（4）耗材:干净抹布。

（二）操作步骤

（1）拆卸交流充电口前的准备。

①启动开关"OFF"挡。

②蓄电池断电。

③拆掉前保总成。

（2）拆、装交流充电口,如图 6-7 所示。

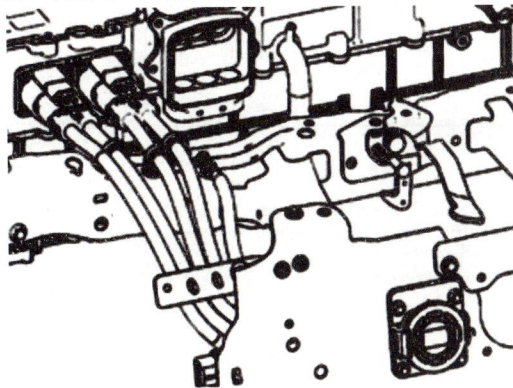

图 6-7　拆、装交流充电口

①拆卸交流充电口：

a. 断开交流充电口高低压接插件并拆掉高压线束扎带，拆卸 2 个搭铁螺栓。

b. 拆卸 4 个法兰面固定螺栓。

c. 向外取出交流充电口。

②安装交流充电口：

a. 对交流充电口线缆由外向里安装。

b. 拧紧 4 个充电口法兰面安装螺栓。

c. 接好高低压接插件。

d. 分别扣上小支架和水箱横梁上面的扎带孔位。

e. 拧紧 2 个搭铁螺栓。

（3）整理工位和工具，清扫工位，实施"6S"管理。

（三）作业工单

专业		班级	
姓名		学号	
小组成员		组长姓名	
任务名称		交流充电口的拆装	
1. 任务阐述			
针对客户车辆，参照车辆使用说明书和维修手册，按照交流充电系统的技术要求，完成对交流充电口的检测与拆装工作，确保车辆交流充电过程的稳定性和安全性。			
2. 任务步骤			

序号	作业项目	是否完成	作业记录
1	工位安全检查、环境安全检查	是□　否□	
2	检查绝缘工具套装和工量具	是□　否□	
3	拆卸充电口前准备，填写工单	是□　否□	
4	拆卸交流充电口，填写工单	是□　否□	
5	安装交流充电口，填写工单	是□　否□	
6	规范操作"6S"	是□　否□	
7	恢复工位，清理场地	是□　否□	

四、任务评价

（一）技能评定

序号	考核项目	考核内容	赋分/分	得分/分
1	准备工作	检查工作环境	5	
		检查绝缘工具、防护工具	5	
		检查测量工具	10	
		车辆进入"OFF"挡，蓄电池断电	15	
2	拆装交流充电口	拆卸交流充电口	15	
		安装交流充电口	15	
3	作业记录	正确填写工单	5	
4	工位整理	"6S"检查	10	
5	安全生产	遵守安全操作规程	10	
		安全用电，无人身、设备事故	10	

注：操作规范即得分，操作错误或未进行操作得 0 分。

（二）知识测评

1. 判断题

（1）在慢充模式下，充电系统主要由供电设备（充电桩）、快充接口、车载充电器、高压控制盒、动力电池、整车控制器、高压线束和低压控制线束等组成。（　　）

（2）除了新能源汽车自身的故障原因，充不了电也可能是充电接口和通信协议两个方面的原因。（　　）

（3）拆装充电口，必须戴绝缘手套。（　　）

2. 选择题

（1）不属于拆装充电口准备工作的是（　　）。

　　A. 关闭点火钥匙　　B. 拆卸轮胎　　C. 蓄电池断电　　D. 拆卸前保总成

（2）在工具的选用中，优先选用（　　）。

　　A. 梅花扳手　　B. 开口扳手　　C. 棘轮扳手　　D. 套筒

任务三 直流充电系统常见故障检修

一、任务描述

客户的新能源纯电动汽车在充电时,发现车辆不能充电,该客户将车开到4S店进行诊断维修。维修人员确认故障信息后,发现该车装配了交流充电系统和直流充电系统,车主反映其车辆在直流充电桩无法充电,显示"充电启动未能成功",尝试更换多个充电桩还是无法充电,但使用交流充电桩可以充电。如果你是维修人员,该如何进行检测与维修?

二、知识准备

(一)直流充电系统的构成

直流快充系统由充电桩、直流充电座、动力电池(含BMS)、整车控制器,以及连接它们的高、低压线束等元器件构成。

当直流充电设备接口连接到整车直流充电口时,直流充电设备发送充电唤醒信号给BMS,BMS根据电池的可充电功率,向直流充电设备发送充电电流指令,BMS吸合系统高压继电器,动力电池开始充电。

(二)直流充电操作注意事项

(1)禁止在充电过程中拔出充电枪。

(2)雨天禁止露天充电,以免发生危险。

(3)充电完成后,充电口盖需锁紧,避免发生异常。

(4)BMS上报严重故障时,严禁对电池系统充电。

(5)电池过度充电和放电都会降低其使用寿命,任何使用电池的产品都不能过度放电。

(6)要掌握正确的充电时间,电池不宜过度充电、过度放电;充电时要关掉车内电源;充电时避免充电插头发热。

(7)虽然电池组都设计了保护系统,但如果经常把车子开到"亮红灯"的情况,必然会影响电池组的寿命。

(8)养成经常充电的习惯,不要等电力过低时再去充电。一般应在SOC低于30%时进行充电,耗电过度容易影响电池寿命。

(9)纯电动汽车补充能源需要花费更长的时间,如果选择家庭充电桩充电,则需要近8 h才能充满电量,若选择快速充电桩充电,40 min则可以充满80%。

（三）直流充电系统正常工作条件

当车辆与充电桩成功连接时，VCU 通过 CC2 信号确认连接，快充接口把唤醒信号发送给 VCU，VCU 接收信号后唤醒 BMS 并输送信号到 BMS 继电器，使得接触器闭合，即可开始充电。正常快充需要满足以下条件：

（1）充电连接确认信号 CC1、CC2 正常；

（2）高低压线束连接正常；

（3）确保 VCU 供电、搭铁正常，VCU 无故障；

（4）CAN 通信正常；

（5）确保动力电池供电、搭铁正常，BMS 无故障，动力电池电压、电流、温度等正常；

（6）快充接口唤醒 VCU 信号正常，VCU 唤醒 BMS 信号正常；

（7）VCU 控制 BMS 继电器信号正常。

（四）直流充电系统常见故障分析

下面以北汽 EV160 电动汽车为例，介绍电动汽车在使用过程中，直流快充系统的常见故障现象诊断与排除方法。

（1）充电桩显示车辆未连接。检查快充口 CC1 端与 PE 端是否有 1 kΩ 电阻，检查快充口导电层是否脱落，检查充电枪 CC2 与 PE 是否有 10 V 电压。

（2）动力电池继电器未闭合。检查充电口输出正极唤醒信号是否正常（12 V 电压）；检查充电口输出负极唤醒信号与 PE 是否导通（12 V 电压）；检查充电口 CAN 通信是否正常，通常 S_+ 和 S_- 之间的电阻约为 120 Ω。

（3）电池继电器能正常闭合，但无输出电流。检查充电桩与动力电池 BMS 软件版本是否匹配；检查高压连接器及线缆是否正确连接；用汽车故障诊断仪查看充电监控状态，以北汽新能源 EV 系列车辆为例，充电监控状态见表 6-2。

表 6-2　充电监控状态

名称	当前状态	名称	当前状态
动力电池充电请求	请求充电	动力电池加热状态	停止加热
动力电池加热状态	未加热	充电机当前充电状态	正在充电
动力电池当前充电状态	充电状态	充电机输出端电流	7.5 A
动力电池允许最大充电电流	10.0 A	充电机输出端电压	335.30 V
动力电池加热电流请求值	6.0 A	充电机输出端过压保护故障	正常
动力电池允许最高充电电压	370.00 V	充电机输出端欠压保护故障	正常
剩余充电时间	0 min	充电机输出电流过流保护故障	正常
CHC 初始化状态	已完成	充电机过温保护故障	正常

（4）DC-DC 转换器不工作。检查连接器是否正常连接，检查高压熔断丝是否熔断，检

查使能信号输入是否正常(12 V)。

(5)快充与车辆无法通信。检查唤醒线路熔丝是否损坏、搭铁点搭铁是否不良,检查快充枪、快充接口、快充线束、低压电器盒、整车控制器、低压控制插件等部件的针脚是否损坏、退针、烧蚀等,检查动力电池和数据采集终端快充 CAN 总线间的电阻是否异常等。

(6)快充与车辆通信正常,但无充电电流。检查快充继电器线路熔丝、主熔丝、低压电器盒、快充线束是否损坏,检查动力电池 BMS 快充唤醒是否失常等。

(五)直流充电系统故障诊断思路

(1)对快充系统进行基本检查。
(2)使用故障诊断仪读取故障代码。
(3)无法通信故障的排除思路。
(4)可以通信却没有充电电流故障的排除思路。

三、任务实施

直流充电口的检测

(一)实施方案

1. 组织方式

每 6 名同学一组,按照企业岗位的操作标准,参照厂家维修手册,依据"1+X"证书考核标准,规范地完成直流充电口的检测,每组作业时间为 40 min。

2. 设备器材

(1)场地:理实一体化教室。
(2)设备:实训工作台、工具车、万用表、垃圾桶等。
(3)安全防护:灭火器、高压防护套装、绝缘工具套装等。
(4)耗材:干净抹布。

(二)操作步骤

(1)将点火开关置于"ON"位置,使用万用表直流电压挡测量 CC2 与 PE 之间的电压。正常情况下应显示电压,可能的电压状态有 5 V DC 和 12 V DC 两种。

(2)切换至万用表欧姆挡,测量 CC1 与 PE 之间的电阻值,正常值应为$(1\,000\pm30)\,\Omega$。

(3)利用万用表直流电压挡,分别测量 S_- 与 PE、S_+ 与 PE 之间的电压。正常情况下,S_- 与 PE 之间的电压约为 2.3 V,S_+ 与 PE 之间的电压约为 2.7 V(两电压之和应接近 5 V)。

(4)再次使用万用表欧姆挡,测量 S_+ 与 S_- 间的电阻,应为 60 Ω 或 120 Ω(两终端电阻合计为 60 Ω)。

(5)继续用万用表欧姆挡测量 DC_+ 与 PE 之间的电阻,以及 DC_- 与 PE 之间的电阻,正常情况下,两者都应为无穷大。

(6)填写工单,整理工位和工具,实施"6S"管理。

（三）作业工单

专业		班级	
姓名		学号	
小组成员		组长姓名	
任务名称		直流充电口的检测	

1. 任务阐述

针对客户车辆，参照车辆使用说明书和维修手册，按照直流充电系统的技术要求，完成对直流充电口的检测工作，确保车辆直流充电过程的稳定性和安全性

2. 任务步骤

序号	作业项目	是否完成	作业记录
1	工位安全检查、环境安全检查	是□　否□	
2	检查绝缘工具套装和工量具	是□　否□	
3	检测充电口前的准备，填写工单	是□　否□	
4	检测直流充电口各端子，填写工单	是□　否□	
5	规范操作"6S"	是□　否□	
6	恢复工位，清洁清理工位场地	是□　否□	

四、任务评价

（一）技能评定

序号	考核项目	考核内容	赋分/分	得分/分
1	准备工作	检查工作环境	5	
		检查绝缘工具、防护工具	5	
		检查测量工具	10	
		车辆"OFF"挡，蓄电池断电	15	
2	检测直流充电口	检测直流充电口 CC1、CC2 端子	10	
		检测直流充电口 S_+、S_- 端子	10	
		检测直流充电口 D_+、D_- 端子	10	
3	作业记录	正确填写工单	5	
4	工位整理	"6S"检查	10	
5	安全生产	遵守安全操作规程	10	
		安全用电，无人身、设备事故	10	

注：操作规范即得分，操作错误或未进行操作得 0 分。

（二）知识测评

1. 判断题

（1）新能源汽车的交流、直流充电接口都是一样的。　　　　　　　　（　　）

（2）直流充电方式的优点是充电所需功率和电流相对较低,充电设备成本比较低。

　　　　　　　　　　　　　　　　　　　　　　　　　　　　　　（　　）

2. 填空题

（1）直流充电过程中,充电机和 BMS 在完成握手启动后,要进行_____。

（2）直流充电系统主要由_____、直流充电枪、_____、动力蓄电池、低压蓄电池、_____、辅助电池以及各种高压线束和低压控制线束等组成。

五、扩展阅读

国内外电动车无线充电技术发展现状

1. 无线充电的原理

无线充电的原理是通过近场感应,由无线充电设备将能量传导到充电终端设备,终端设备再将接收到的能量转化为电能存储在设备的电池中,如图 6-8 所示。

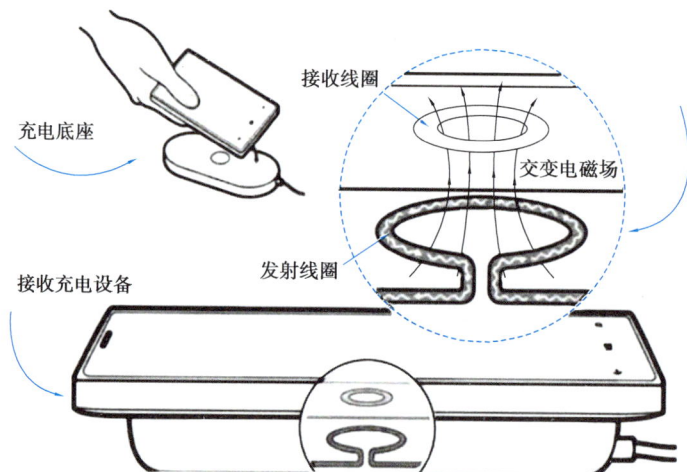

图 6-8　无线充电的原理

2. 国内外发展现状

从国外车企来看,沃尔沃、奥迪、宝马、奔驰等传统汽车品牌都已经开始研发或测试旗下电动车的无线充电系统。

项目七　新能源汽车充电桩原理及检修

项目导入

　　新能源汽车充电桩是推动新能源汽车普及和发展的重要基础设施，随着技术的不断进步，新能源汽车充电桩也在不断升级和改进。未来，充电桩会具备更加智能化的功能，如自动识别车辆、根据电网负荷智能调整充电功率等。同时，充电桩的分布也将更加广泛和合理，为新能源汽车的普及创造更好的条件。

　　在本项目中，主要对充电桩的种类、充电桩的结构、充电桩的技术要求、充电桩的检测等进行学习。

学习支持

【知识目标】

1. 能阐述充电桩的种类；
2. 能总结充电桩的技术要求；
3. 能厘清充电桩的结构；
4. 能阐述充电桩的作用。

【能力目标】

1. 能正确检测充电桩；
2. 能正确查阅充电桩电路图；
3. 能正确清洁、整理工具，对工位进行"6S"操作。

【素质目标】

1. 增强新能源汽车中游产业可持续发展的社会责任感；
2. 增强新能源汽车维修工、质检员等职业的荣誉感；
3. 具备安全意识、规范意识、团队意识、工匠精神及创新思维；
4. 提升新能源汽车充电桩问题的分析、解决及优化能力。

【项目任务】

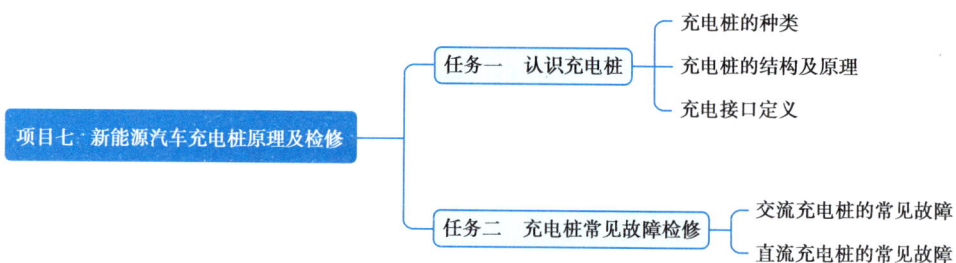

项目七 新能源汽车充电桩原理及检修

任务一 认识充电桩
- 充电桩的种类
- 充电桩的结构及原理
- 充电接口定义

任务二 充电桩常见故障检修
- 交流充电桩的常见故障
- 直流充电桩的常见故障

任务一　认识充电桩

一、任务描述

据新能源汽车的车主反映,用自己家的交流充电桩无法给车辆充电。经过初步检查,车辆本身没有明显问题,怀疑充电桩出现了故障,本任务主要是掌握充电桩的种类和充电桩的结构原理。

二、知识准备

(一)充电桩的种类

充电桩是一种用于为电动汽车充电的设备,通过连接电动汽车和电力网络,为电动汽车的电池进行充电。充电桩可以固定在地面或者墙壁,安装在公共建筑(公共楼宇、商场、公共停车场等)、居民小区停车场或专门的充电站内,可以根据不同的电压等级为各种型号的电动汽车充电。

按照不同的分类标准,充电桩有不同的种类,常见的分类有充电技术、安装地点和安装方式 3 种,如图 7-1 所示。

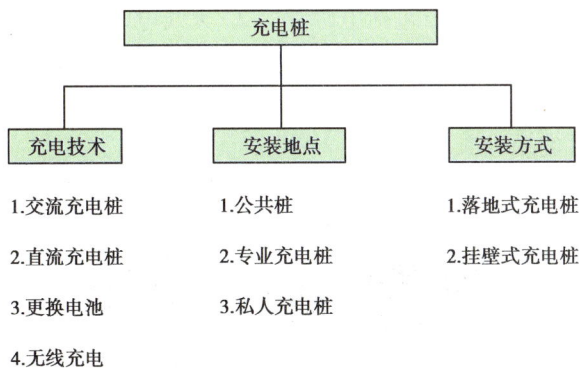

```
                        充电桩
            ┌─────────────┼─────────────┐
         充电技术        安装地点        安装方式

      1.交流充电桩      1.公共桩       1.落地式充电桩

      2.直流充电桩      2.专业充电桩    2.挂壁式充电桩

      3.更换电池        3.私人充电桩

      4.无线充电
```

图 7-1　充电桩的分类

1. 充电桩按充电技术分类

(1)交流充电桩。交流充电桩俗称"慢充",是通过车载电机为电动车电池充电,交流充电只提供电力输出,没有充电功能。此时输入电压为 220 V,充电功率以 7 kW 居多。由于功率较低,因此充满电所需的时间较长,一般为 8 ~ 10 h。以上特点导致了交流充电桩大多安装在居民小区的停车场内。此外,交流充电桩的技术和结构都较简单,安装成本也较低,不含线路改造和扩容时,每个交流充电桩的安装成本仅需 800 ~ 1 200 元,如图 7-2 所示。

（2）直流充电桩。直流充电桩俗称"快充"，是先将交流电转化为直流电，再通过充电插口直接为电池充电。此时的输入电压为380 V，充电功率可高达60 kW，如此高的功率大大缩短了充电时间，正常情况下充满电只需20~90 min。直流充电桩的技术和设备都比交流充电桩复杂，复杂的技术和设备导致直流充电桩的造价成本较高。如此高的造价决定了直流充电桩只适用于对充电时间要求较高的场景，如出租车、公交车等，直流充电桩也一般安装在集中式的充电站或加油站，如图7-3所示。

图7-2　交流充电桩　　　　　　　图7-3　直流充电桩

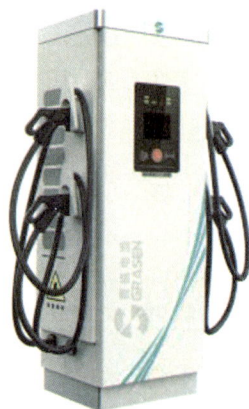

（3）更换电池。更换电池又称换电技术，是指当电池没电时直接更换一块满电的电池。更换电池虽然听起来操作简单，但由于电池型号多样，各车厂的换电方式不同，电池包高压接口频繁插接存在能量损耗等问题，目前该模式并未得到大幅推广。

（4）无线充电。无线充电主要包括电磁感应式、无线电波式和磁场共振式3种，但无论哪种模式，由于技术规范和商业模式不够成熟，应用场景不明确，当前都还处于探索试用阶段。

2. 充电桩按安装地点分类

（1）公共桩。公共桩是为社会车辆提供充电服务的充电桩，一般建于公共停车场（库），既有交流充电桩又有直流充电桩，主要依靠收取服务费来盈利，如图7-4所示。

图7-4　公共桩

（2）专业充电桩。专业充电桩是为特定车辆提供充电服务的充电桩，如公交车、出租车、物流车等运营车，不对公众开放。专用充电桩一般安装在企业的停车场内，交流桩和直流桩都有,如图7-5所示。

图7-5 专业充电桩

（3）私人充电桩。私人充电桩安装在住宅小区内的私人车位,仅供车主独自使用的交流充电桩,不对外开放,一般随车主购车时一起购入,车主随时可以充电,对充电时长没有限制,如图7-6所示。

图7-6 私人充电桩

3.充电桩按安装方式分类

（1）落地式充电桩。落地式充电桩适合安装在不靠近墙体的停车位,适用于户外停车位或小区停车位,如图7-7所示。

（2）挂壁式充电桩。挂壁式充电桩适合安装在靠近墙体的停车位,适用于室内和地下停车位,如图7-8所示。

图7-7 落地式充电桩

图7-8 挂壁式充电桩

（二）充电桩的结构及原理

1. 交流充电桩的结构及原理

交流充电桩主要由桩体、LED 指示灯板、LCD 显示屏、读卡器、辅助电源、主控模块、继电器模块、接线排、单相断路器（空气开关）、浪涌防护器（防雷器）、智能电表、交流接触器、门禁开关、急停开关、充电枪、充电线束等组成，如图 7-9 所示。

直流充电桩的结构及原理

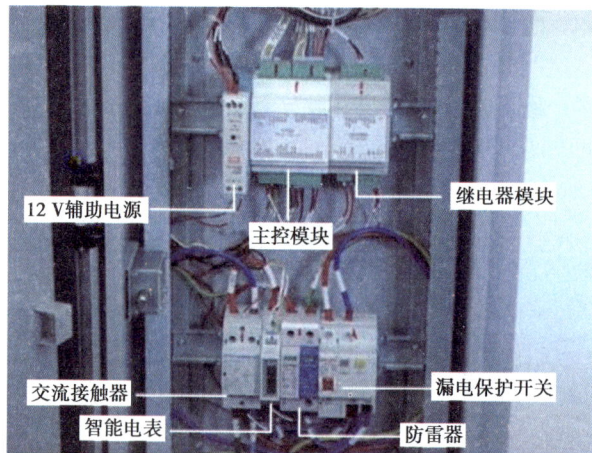

图 7-9　交流充电桩结构

交流充电桩的工作原理是：通过刷卡等途径激活二次回路，二次回路控制主回路通电，让充电枪向外充电。

主回路：由 220 V 的三相交流电，经过断路器、浪涌防护器、智能电表、交流接触器，再连接充电枪构成主回路。

二次回路：由读卡器、主控模块、显示器、显示屏、继电器模块等组成，如图 7-10 所示。

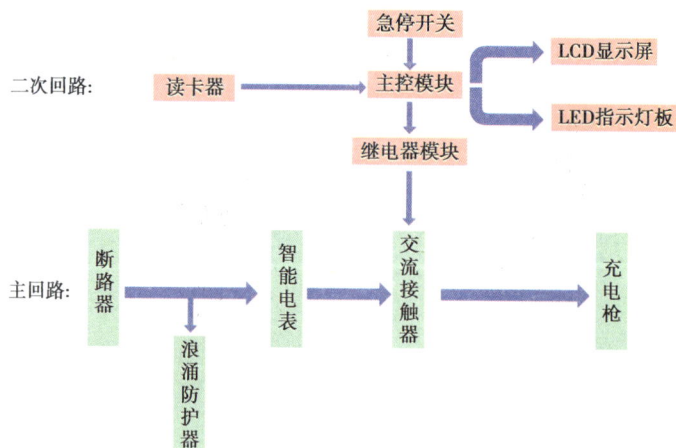

图 7-10　交流充电桩原理

2. 直流充电桩的结构及原理

直流充电桩一般主要由 LED 指示灯板、LCD 显示屏、读卡器、整流器（两个 30 kW）、无线网络模块、开关电源、主控板、防反板、电子锁、熔断器、电流表、（A+）空气开关、漏电断路器、防雷器、单相空气开关、分流器、冷却风扇等组成，如图 7-11 所示。

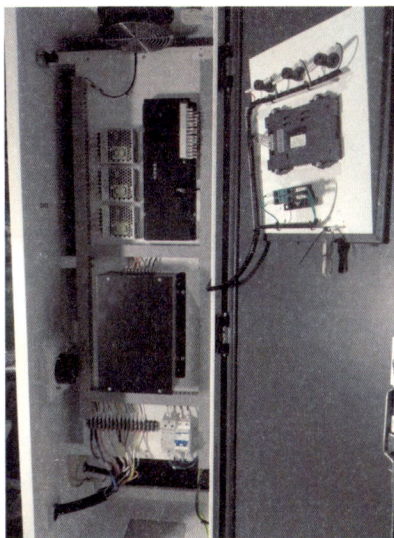

图 7-11　直流充电桩结构

直流充电桩的电气部分由主回路和二次回路组成。主回路的输入是三相交流电，经过输入断路器、交流智能电能表之后由充电模块（整流模块）将三相交流电转换为电池可以接收的直流电，再连接熔断器和充电枪，为电动汽车充电。二次回路由充电桩控制器、读卡器、显示屏、直流电表等组成。二次回路还提供"启停"控制与"急停"操作；信号灯提供"待机""充电"与"充满"状态指示；显示屏作为人机交互设备则提供刷卡、充电方式设置与启停控制操作，如图 7-12 所示。

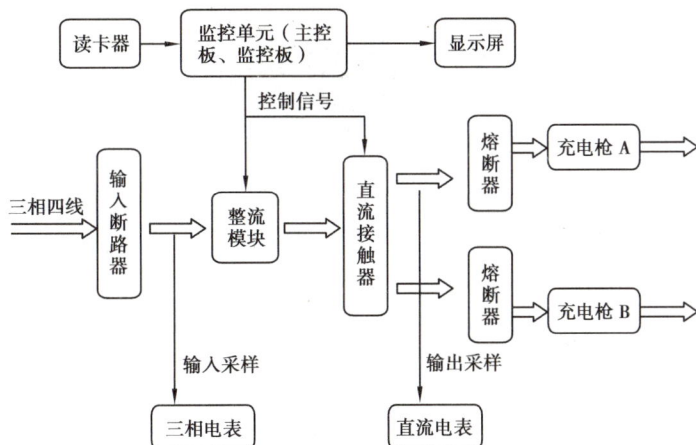

图 7-12　直流充电桩原理

（三）充电接口定义

1. 国标交流充电接口定义

交流充电桩就是通过 7 根线对电动汽车充电的,它们分别是:交流电源线路 L1、L2、L3(目前 L2、L3 闲置),设备地线 PE,中线 N,连接确认线路 CC,控制引导线路 CP,如图 7-13 所示。

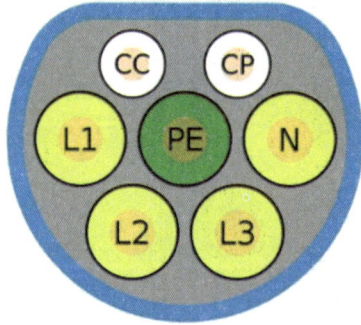

图 7-13　国标交流充电接口

2. 国标直流充电接口定义

国标直流充电接口包括高压直流电源线路 DC+、DC−,设备地线 PE,充电通信线路 S+、S−,充电连接确认线路 CC1、CC2,低压辅助电源线路 A+、A−,如图 7-14 所示。

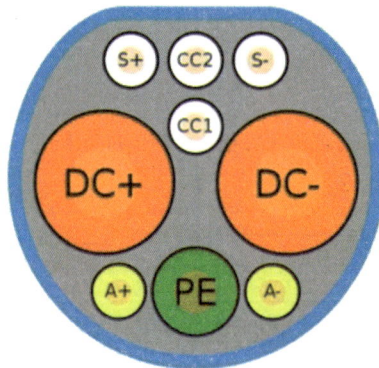

图 7-14　国标直流充电接口

3. 其他国家充电接口定义

美标接口定义和欧标接口定义分别如图 7-15 和图 7-16 所示。

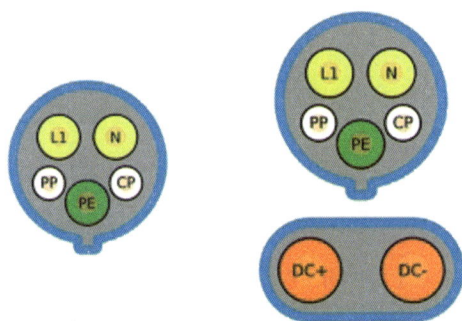

(a)交流　　　　　　(b)直流　　　　　　(a)交流　　　　　　(b)直流

图7-15　美标接口定义　　　　　　图7-16　欧标接口定义

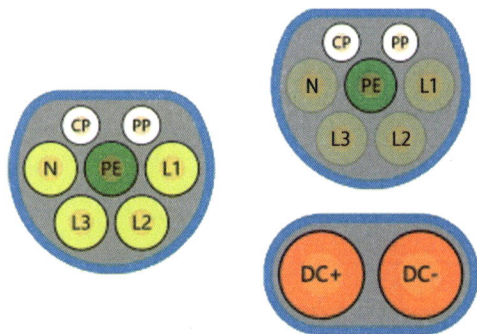

三、任务实施

（一）实施方案

1.组织方式

每6名同学一组,按照企业岗位的操作标准,参照厂家维修手册,依据"1+X"证书考核标准,规范地查找充电桩各零部件的安装位置,每组作业时间为40 min。

2.设备器材

（1）场地:理实一体化教室。

（2）设备:实训充电桩、工具车、万用表、垃圾桶等。

（3）安全防护:灭火器、高压防护套装、绝缘工具套装等。

（4）耗材:干净抹布。

交流充电桩
零部件的识别

（二）操作步骤

（1）检查工作环境的安全性,做好个人安全防护。

（2）检查绝缘套装,检测工具是否正常。

（3）查找LED指示灯板,观察其安装位置及连接关系。

（4）查找LCD显示屏,观察其安装位置及连接关系。

（5）查找读卡器,观察其安装位置及连接关系。

（6）查找辅助电源,观察其安装位置及连接关系。

（7）查找主控模块,观察其安装位置及连接关系。

（8）查找继电器模块,观察其安装位置及连接关系。

（9）查找接线排,观察其安装位置及连接关系。

（10）查找单相断路器(空气开关)、交流接触器、浪涌防护器(防雷器)观察其安装位置及连接关系。

（11）查找智能电表、门禁开关、急停开关、充电枪、充电线束,并进行观察。

（12）整理工位和工具，清扫工位，实施"6S"管理。

（三）作业工单

专业		班级	
姓名		学号	
小组成员		组长姓名	
任务名称		交流充电桩零部件的识别	

1. 任务阐述				
针对客户需求，参照充电桩的使用说明书和维修手册，按照交流充电桩的技术要求，规范查找充电桩各零部件的安装位置，确保充电桩的稳定性和安全性				

2. 任务步骤				
序号	检测内容	是否完成	作业记录	解决方案
1	查找 LED 灯	是□ 否□	正常□ 不正常□	
2	查找显示屏	是□ 否□	正常□ 不正常□	
3	查找刷卡器	是□ 否□	正常□ 不正常□	
4	查找辅助电源	是□ 否□	正常□ 不正常□	
5	查找主控模块	是□ 否□	正常□ 不正常□	
6	查找急停开关	是□ 否□	正常□ 不正常□	
7	查找继电器模块	是□ 否□	正常□ 不正常□	
8	查找门禁开关	是□ 否□	正常□ 不正常□	
9	查找交流接触器	是□ 否□	正常□ 不正常□	
10	查找智能电表	是□ 否□	正常□ 不正常□	
11	查找断路器	是□ 否□	正常□ 不正常□	
12	查找接线排	是□ 否□	正常□ 不正常□	
13	查找浪涌防护器	是□ 否□	正常□ 不正常□	

四、任务评价

（一）技能评定

序号	考核项目	考核内容	赋分/分	得分/分
1	准备工作	检查工作环境	4	
		检查绝缘工具、防护工具	4	
		检查测量工具	4	

序号	考核项目	考核内容	赋分/分	得分/分
2	查找高压部件	查找交流接触器	6	
		查找智能电表	6	
		查找断路器	6	
		查找接线排	5	
		查找浪涌防护器	6	
3	查找低压部件	查找LED指示灯板	5	
		查找LCD显示屏	5	
		查找读卡器	5	
		查找辅助电源	6	
		查找主控模块	5	
		查找急停开关	5	
		查找继电器模块	6	
		查找门禁开关	5	
4	作业记录	正确填写工单	4	
5	工位整理	"6S"检查	4	
6	安全生产	遵守安全操作规程	4	
		安全用电,无人身、设备事故	5	

注:操作规范即得分,操作错误或未进行操作得0分。

(二)知识测评

1.选择题

(1)交流充电桩输出的是(　　　)。

    A.直流电　　　　B.交流电　　　　　C.交直流电都有　　　　D.脉冲电

(2)以下哪项不是直流充电桩的组成部分?(　　　)

    A.电源模块　　　B.车载充电机　　C.控制单元　　　　　D.充电接口

(3)充电桩在充电过程中,出现以下哪种情况会自动停止充电?(　　　)

    A.电池充满　　　B.过流　　　　　C.过热　　　　　　　D.以上都是

(4)直流充电桩的充电速度通常比交流充电桩(　　　)。

    A.快　　　　　　B.慢　　　　　　C.一样　　　　　　　D.不确定

2.填空题

(1)充电桩的通信模块主要用于与_____和_____进行数据交互。

（2）交流充电桩的功率一般在_____kW 以内。

（3）充电桩的保护装置包括_____、_____、_____等。

3. 简答题

（1）简述交流充电桩和直流充电桩的主要区别。

（2）阐述充电桩散热系统的作用及常见的散热方式。

任务二　充电桩常见故障检修

一、任务描述

据新能源汽车的车主反映,自己家的交流充电桩显示屏无显示,并且刷卡没反应,造成无法充电。本次任务主要是根据相关技术资料和维修手册对充电桩显示器、读卡器、辅助电源等进行检修。

二、知识准备

交流充电桩电路如图 7-17 所示。

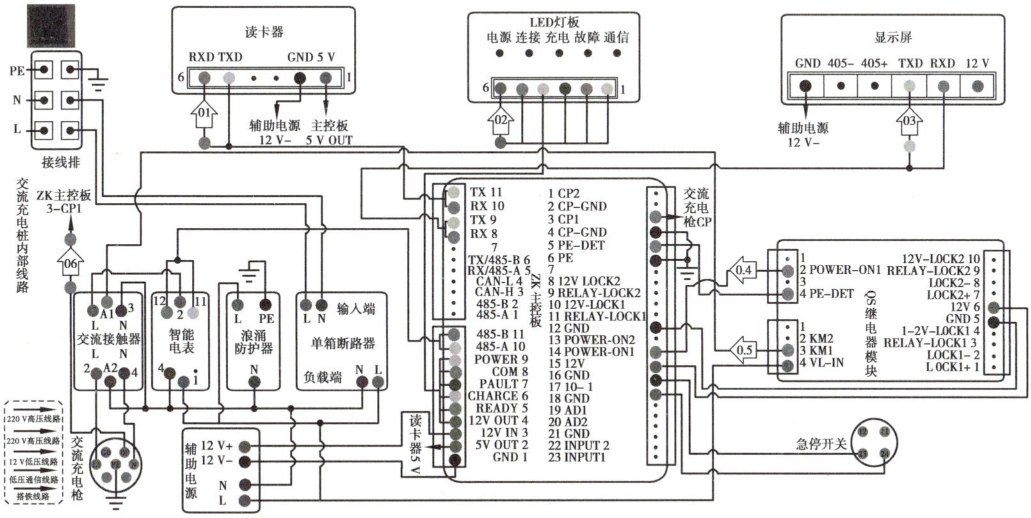

图 7-17　交流充电桩电路

(一)交流充电桩的常见故障

1.交流充电桩显示屏不亮

故障现象:合上空气开关,显示屏依旧不亮,表明故障存在。

故障分析:显示屏不亮的原因是显示屏的供电线"+"和"-"线不正常,或者显示屏损坏,而显示屏的电来自 12 V 的辅助电源,因此也有可能是辅助电源以及辅助电源前面的空气开关、高压接线排以及它们之间的连接导线引起的。

故障诊断(倒序法):

(1)测量显示屏供电"+"与"-"的电压应该为 12 V,如果正常,则故障原因为显示屏损坏或者插头接触不良,如图 7-18 所示。

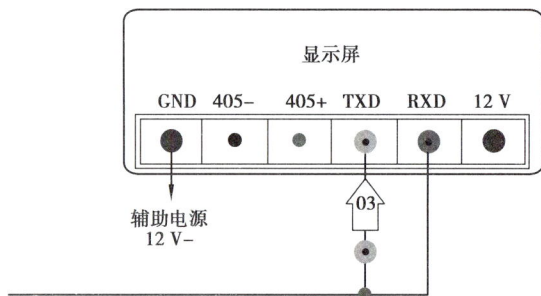

图 7-18　显示屏电路

　　(2)若测量出显示屏"+"与"−"之间的电压为 0 V,就需要测量辅助电源端的输出电压。如果输出电压为 12 V,则表示辅助电源至显示屏的供电线路发生故障,如图 7-19 所示。

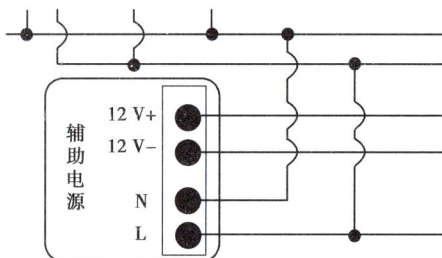

图 7-19　辅助电源电路

　　(3)如果电压不是 12 V,则测量断路器 L 线和 N 线之间的电压是否为 220 V;如果是 12 V,则表示辅助电源损坏,如图 7-20 所示。

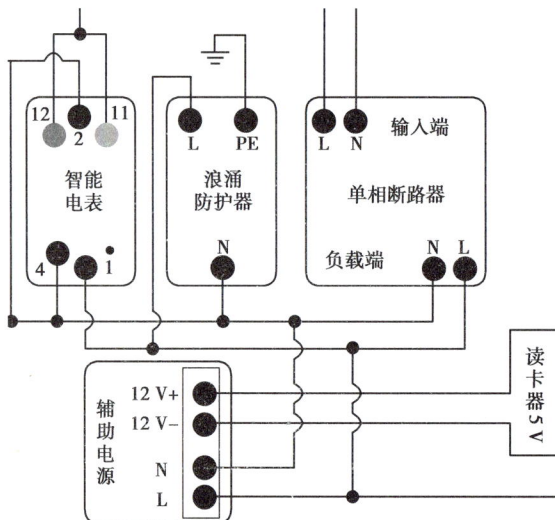

图 7-20　断路器电路

(4)若电压不是220 V,则测量断路器 L 和 N 两端的电阻应小于 1 Ω;如果断路器损坏,应更换断路器,如图 7-21 所示。

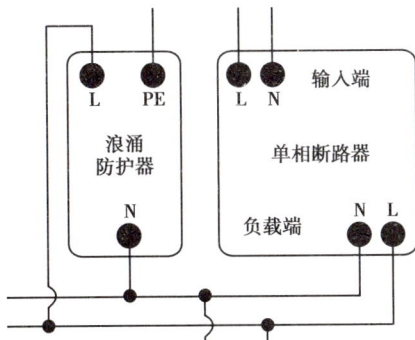

图 7-21　断路器电路

2.交流充电桩无法刷卡

故障现象:连接好充电设备,显示屏点亮,但是无法刷卡,无法充电。

故障分析:显示屏已经点亮,但是无法刷卡,则表示显示屏的供电电路正常。发生故障的原因有读卡器的两条信号线故障、读卡器电源故障、主控板故障、CP 线有故障。

故障诊断(倒序法):

(1)测量读卡器的供电电压是否为 5 V,若正常,则测量读卡器两条信号线的电压是否为 6 V,如果上述都正常,则故障为读卡器故障,如图 7-22 所示。

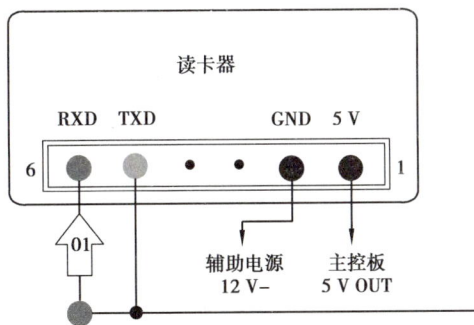

图 7-22　读卡器电路

(2)若测量读卡器两条信号线的电压为 0 V,则测量主控板输出端信号电压是否为 6 V,若是,则读卡器和主控板之间的信号线断路,如图 7-23 所示。

(3)若主控板输出端信号电压为 0 V,则测量主控板的输入电压是否为 12 V,若为 12 V,则主控板损坏,如图 7-24 所示。

(4)若主控板的输入电压为 0 V,则检查辅助电源输出电压是否为 12 V,之后的检查与显示屏不亮的故障诊断一致,如图 7-25 所示。

3.插上充电枪后,交流充电桩无反应

故障现象:显示屏正常显示,刷卡后界面跳转,但提示未与车辆连接。

故障分析:提示充电桩未与车辆连接,可能是充电桩与车辆相连的 CP 线出现了问

题,它是充电桩与汽车之间沟通的桥梁,确保充电电流和状态的准确控制。

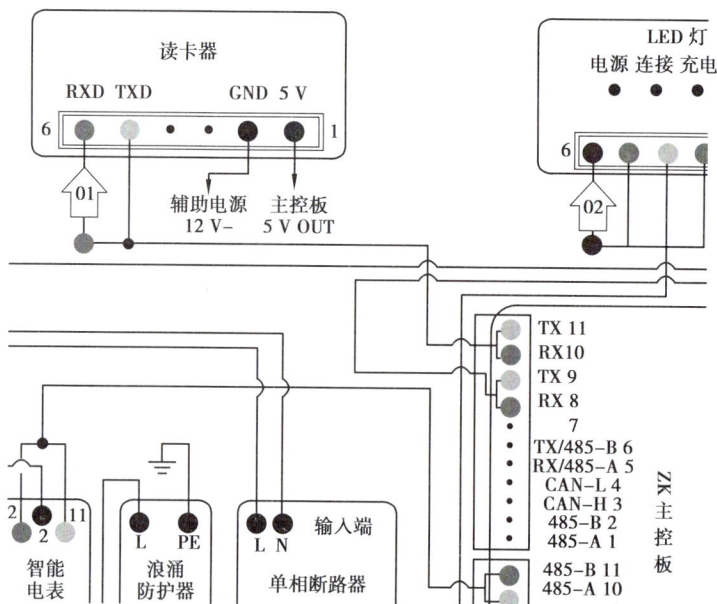

图 7-23　读卡器与主控板电路

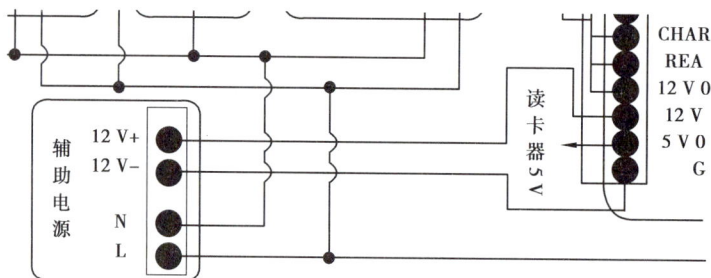

图 7-24　主控板电源电路

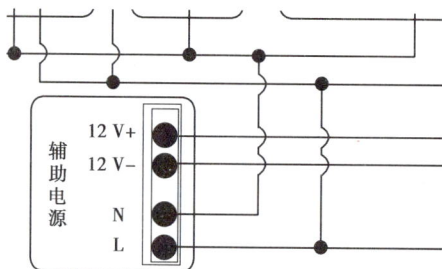

图 7-25　辅助电源电路

故障诊断:

(1)测量充电枪 CP 端是否有 12 V 电压。

(2)如果电压为 0 V,则测量主控板端的 CP 电压。若电压还是 0 V,则测量主控板的输入电压是否正常,之后的检查与显示屏不亮的故障诊断一致。

（3）如果电压正常为 12 V,则主控板至充电枪的 CP 线存在断路,如图 7-17 所示。

（二）直流充电桩的常见故障

直流充电桩电路如图 7-26 所示。

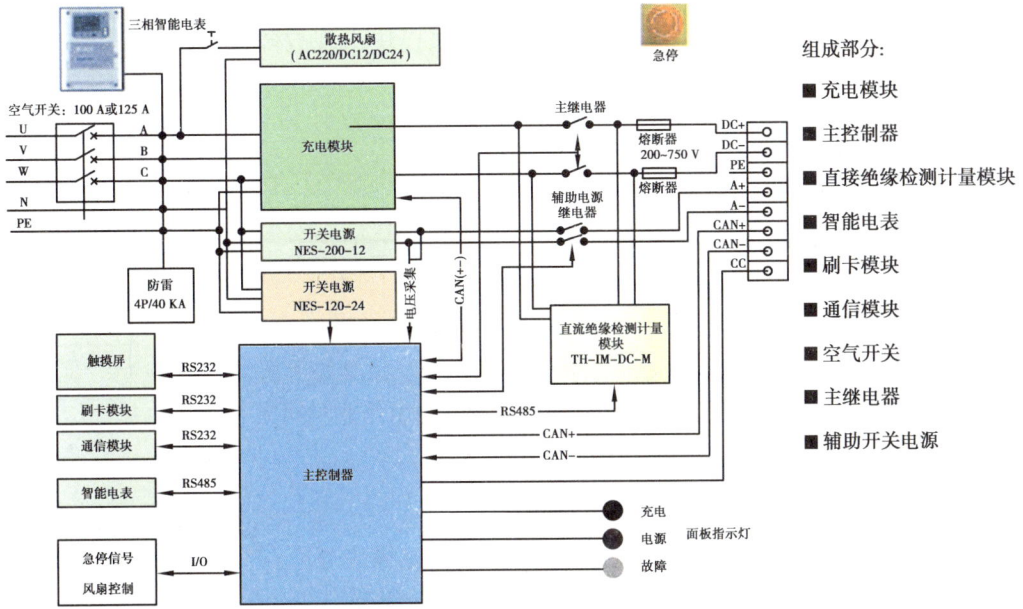

图 7-26　直流充电桩电路

1.防雷故障

原因:防雷保护器被击穿或防雷遥信端子(反馈信号)脱落,应更换防雷保护器,如图 7-27 所示。

2.高压直流接触器粘连

原因:该直流接触器损坏,断电更换直流接触器,如图 7-28 所示。

图 7-27　防雷装置

图 7-28　直流接触器

图 7-29　充电模块

3.高压直流接触器拒动/误动

检查高压直流接触器线圈供电线路是否断线，若是，则直流接触器损坏，应更换高压直流接触器。

4.输出电流过流故障

如果充电模块出现故障，应更换充电模块，如图 7-29 所示。

三、任务实施

（一）实施方案

交流充电桩的检测

1.组织方式

每 6 名同学一组，按照企业岗位的操作标准，参照厂家维修手册，依据"1+X"证书考核标准，规范完成交流充电桩的检测工作，每组作业时间为 40 min。

2.设备器材

（1）场地：理实一体化教室。
（2）设备：实训充电桩、工具车、万用表、垃圾桶、绝缘表等。
（3）安全防护：灭火器、高压防护套装、绝缘工具套装等。
（4）耗材：干净抹布。

（二）操作步骤

（1）检查工作环境的安全性，做好个人安全防护。
（2）检查绝缘工具套装，检测工具是否正常。
（3）检测断路器是否正常，用万用表测量断路器 L 与 N 之间的电压，正常电压应为 220 V，如图 7-30 所示。

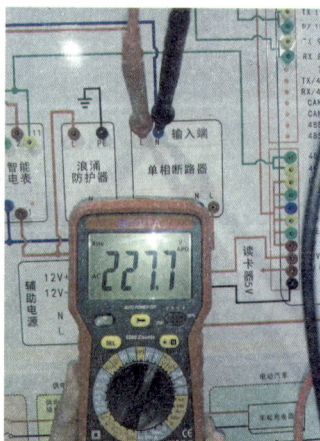

图 7-30　检测断路器

（4）检测辅助电源供电电压是否正常，用万用表测量 12 V+端与 12 V−端之间的电压，正常电压为 12 V，如图 7-31 所示。

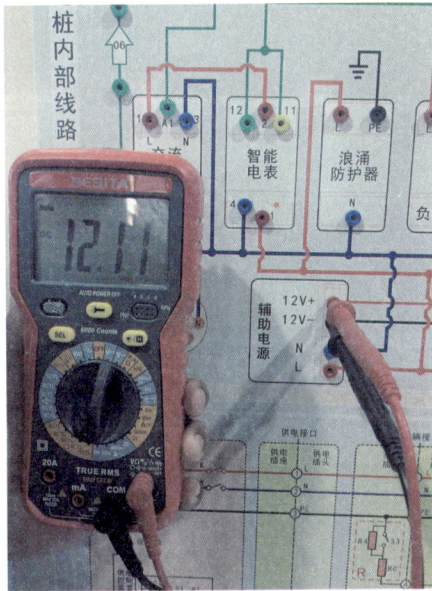

图 7-31　检测辅助电源供电电压

（5）检测主控板供电电压是否正常，用万用表测量 12 V IN3 端与 GND1 端之间的电压，正常电压为 12V，如图 7-32 所示。

图 7-32　检测主控板供电电压

（6）检测读卡器供电电压是否正常，用万用表测量 5 V 端与 GND 端之间的电压，正常电压为 5 V，如图 7-33 所示。

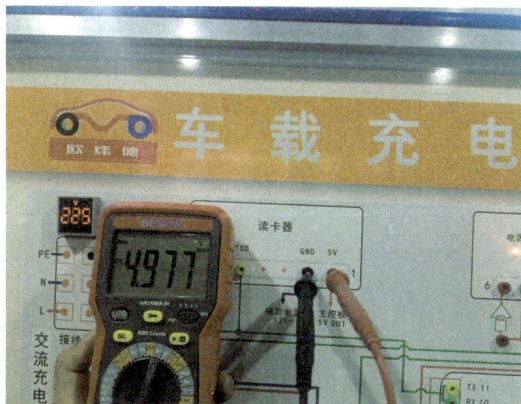

图 7-33　检测读卡器供电电压

（7）检测读卡器通信线是否正常，用万用表测量 RXD 与 TXD 之间的电压，正常电压为 6 V，如图 7-34 所示。

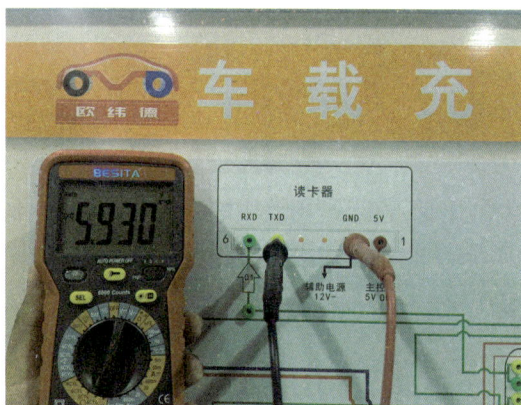

图 7-34　检测读卡器通信线

（8）检测显示屏供电电压是否正常，用万用表测量 12 V+端与 GND 端之间的电压，正常电压为 12 V，如图 7-35 所示。

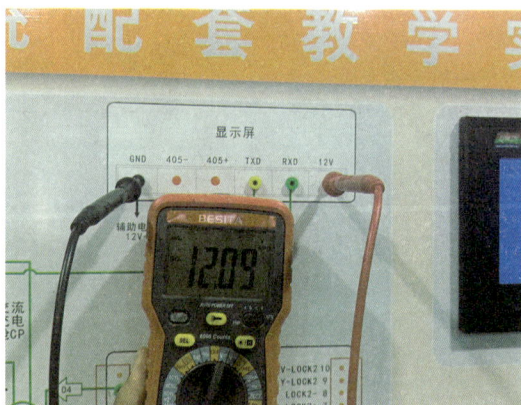

图 7-35　检测显示屏供电电压

（9）检测充电桩 CP 信号线是否正常，用万用表测量主控板 CP1 端与充电枪 CP 端之间的电阻，正常电阻小于 1 Ω，如图 7-36 所示。

图 7-36　检测充电桩 CP 信号线

（10）整理工位和工具，清扫工位，实施"6S"管理。

（三）作业工单

专业		班级	
姓名		学号	
小组成员		组长姓名	
任务名称	交流充电桩的检测		
1. 任务阐述			
针对客户所描述的问题，参照充电桩的使用说明书和维修手册，按照交流充电桩的技术要求，完成对充电桩主控板、辅助电源、断路器等的检测工作，找到故障点并解决客户问题			
2. 任务步骤			

序号	检测内容	是否完成	作业记录	解决方案
1	测量断路器	是□　否□	正常□　不正常□	
2	测量辅助电源供电电压	是□　否□	正常□　不正常□	
3	测量主控板供电电压	是□　否□	正常□　不正常□	
4	测量读卡器供电电压	是□　否□	正常□　不正常□	
5	测量读卡器通信线	是□　否□	正常□　不正常□	
6	测量显示器供电电压	是□　否□	正常□　不正常□	
7	测量 CP 通信线	是□　否□	正常□　不正常□	

四、任务评价

（一）技能评定

序号	考核项目	考核内容	赋分/分	得分/分
1	准备工作	检查工作环境	6	
		检查绝缘工具、防护工具	6	
		检查测量工具	6	
2	测量部件	测量断路器	9	
		测量辅助电源供电电压	8	
		测量主控板供电电压	8	
		测量读卡器供电电压	8	
		测量读卡器通信线	10	
		测量显示器供电电压	8	
		测量CP通信线	8	
3	作业记录	正确填写工单	5	
4	工位整理	"6S"检查	6	
5	安全生产	遵守安全操作规程	6	
		安全用电,无人身、设备事故	6	

注:操作规范即得分,操作错误或未进行操作得0分。

（二）知识测评

1.选择题

（1）充电桩浪涌保护器的作用是(　　)。

    A.防水浪　　　　B.防雷　　　　　　C.防小偷　　　　　D.防电

（2）充电桩的计费方式通常不包括(　　)。

    A.按电量计费　　B.按时间计费　　C.按功率计费　　　D.按里程计费

（3）充电桩在充电过程中,出现了紧急情况应该(　　)。

    A.按下紧急开关　B.求助他人　　　C.拔下充电枪　　　D.以上都是

（4）充电桩辅助电源的作用是(　　)。

    A.辅助充电　　　B.照明　　　　　C.为低压设备供电　D.以上都是

2.填空题

(1)充电桩的LED灯可以表示_____、_____和_____等信息。

(2)直流充电桩的电压一般在_____V以上。

(3)充电桩的低压装置有_____、_____、_____等。

3.简答题

(1)在使用充电桩时,需要注意哪些安全保护?

(2)简述交流充电桩的工作原理。

五、扩展阅读

全液冷超充

随着新能源纯电动汽车的应用越来越广泛,新能源车"充电慢、充电难"一直是业内的关注重点。全液冷超充技术作为解决新能源车"充电慢、充电难"的新技术,已成为行业竞逐的焦点,如图7-37所示。

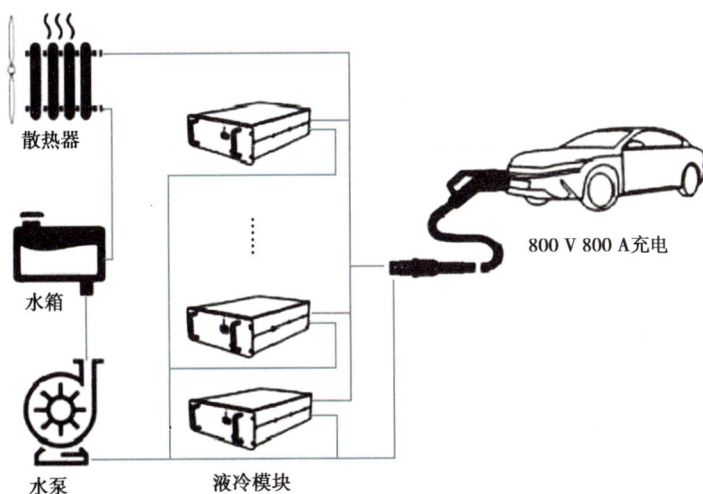

图7-37 全液冷超充解析

1.全液冷超充的优势

(1)充电更快,即充即走。充电更快是全液冷超充的第一大优点,也是这一技术的主要实现目标。液冷充电桩采用了液体冷却技术,有效提升了充电过程中的散热效率,极大地提高了充电电流,从而提升充电速度,实现充电"一秒一千米",可能实现充电速度堪比加油。由于液冷充电桩具有较高的充电效率,可以满足大量车辆充电需求,方便车主随时充电。

(2)枪线更轻,使用体验更好。由于散热能力更强,无须通过加粗电缆的方式减少发热。250 A的国标充电枪一般采用80 mm² 的电缆,充电枪整体很重,且不容易弯曲。液冷充电枪内部有电缆和水管,500 A液冷充电枪的电缆通常才35 mm²,通过水管内的冷却液流动来带走热量。因为电缆细,所以液冷充电枪要比常规的充电枪轻30%~40%。

（3）设备可靠性高,使用寿命长:液冷充电桩具有较高的设备可靠性和使用寿命。采用液体冷却技术,液体交换热量是在一个密闭环境进行,充电模块与外界无直接接触,防护等级可以做到 IP 65,减少灰尘等接触电子器件,可靠性更高。并且液体散热更均匀有效,可有效降低充电过程中设备内部的温度,减少设备故障率,提高设备使用寿命,如图 7-38 所示。

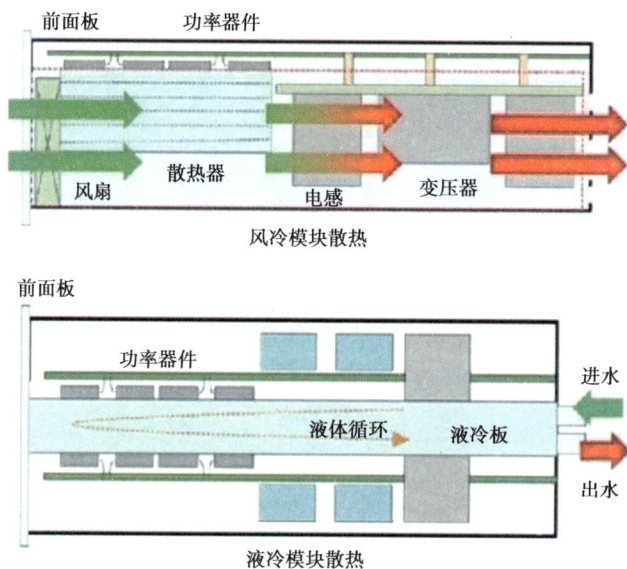

图 7-38　冷却示意图

2. 全液冷超充的劣势

全液冷超充正处于起步阶段,需要解决的问题有很多,且部分问题需要在应用中发现并完善。

（1）目前全液冷超充桩相较于传统风冷充电桩,成本更高。但全面普及之后可以通过体量降低成本。

（2）目前的技术在高温环境下,液体的散热性能会受一定的影响,进而降低充电效率。

（3）维护可能更复杂,液冷超充系统需要定期检查、清洗和更换液体,增加了维护难度。

参考文献

［1］郭磊.新能源汽车充电系统原理与检修的探索［J］.汽车维修技师,2024
（18）:55-56.

［2］赵璋.新能源汽车动力电池BMS故障诊断案例分析及优化策略［J］.汽
车维修技师,2024（18）:57.

［3］李钰.新能源汽车维修与故障诊断技术研究［J］.中国设备工程,2024
（15）:183-185.

［4］张超龙.新能源汽车动力电池及管理系统故障诊断［J］.汽车画刊,2024
（7）:10-12.

［5］廖辉湘,郭志勇,宇正鑫,等.新能源汽车构造［M］.成都:西南交通大学
出版社,2023.

［6］徐胜彬.交流充电桩的状态监测与故障预警［D］.福州:福建工程学
院,2023.

［7］黄彩娟.电动汽车交流充电桩的故障诊断与排除［J］.专用汽车,2022
（6）:88-90.

［8］王启新,代维,汪学斌,等.浅谈直流电动汽车充电桩运维和检修［J］.农
村电工,2021,29（11）:35-36.

［9］高强,刘坚坚,谭易,等.电动汽车人员触电防护［J］.中国汽车,2018
（10）:42-47.